日本における
近代経済倫理の
形成

So Gyouka
曾暁霞

作品社

フリガナ
お名前

男・女　　　　歳

ご住所
〒

Eメール
アドレス

ご職業

ご購入図書名

●本書をお求めになった書店名	●本書を何でお知りになりましたか。
	イ　店頭で
	ロ　友人・知人の推薦
●ご購読の新聞・雑誌名	ハ　広告をみて（　　　　　　）
	ニ　書評・紹介記事をみて（　　　　　　）
	ホ　その他（　　　　　　）

●本書についてのご感想をお聞かせください。

ご購入ありがとうございました。このカードによる皆様のご意見は、今後の出版の貴重な資料として生かしていきたいと存じます。また、ご記入いただいたご住所、Eメールアドレスに、小社の出版物のご案内をさしあげることがあります。上記以外の目的で、お客様の個人情報を使用することはありません。

郵便はがき

料金受取人払郵便

麹町支店承認

9089

差出有効期間
2020年10月
14日まで

切手を貼らずに
お出しください

1 0 2 - 8 7 9 0

1 0 2

［受取人］
東京都千代田区
飯田橋２−７−４

株式会社 作品社
営業部読者係 行

書籍ご購入お申し込み欄】

お問い合わせ　作品社営業部
TEL 03(3262)9753／FAX 03(3262)9757

小社へ直接ご注文の場合は、このはがきでお申し込み下さい。宅急便でご自宅までお届けいたします。送料は冊数に関係なく300円（ただしご購入の金額が1500円以上の場合は無料）、手数料は一律230円です。お申し込みから一週間前後で宅配いたします。書籍代金（税込）、送料、手数料は、お届け時にお支払い下さい。

書名	定価　　円	冊
書名	定価　　円	冊
書名	定価　　円	冊
お名前	TEL　（　　）	
ご住所 〒		

序説

経済倫理が鋭く問われる時代

今日、国際的に企業の社会的責任が問われる大小の事件が続発し、経済倫理がきわめて大きな価値を持つ研究課題になってきている。それは、国民の幸福感、及び民族精神につながる重要な問題である。中国も日本も例外ではない。

第二次世界大戦に敗北した日本は、迅速な資本主義の再構築を果たし、高度経済成長を成し遂げた。奇跡ともいうべき日本のその歴史は、西洋をはじめ、多くの学者たちを驚かせ、一九八〇年前後には、アメリカの経済学者、エズラ・ヴォーゲル（Ezra Feivel Vogel, 1930～）が「ジャパン・アズ・ナンバー・ワン」を唱えるほどだった。それに伴い、日本の近代化の過程が諸外国の研究の焦点となり、八〇年代いっぱいは近代の問題をめぐる考察が盛んだった。政治と制度などを西洋から学んだ日本が、いかにして西洋を超える発展ができたのか、日本経済成功の秘密をさぐる研究に全力が注がれ、精神文化の作用が重んじられ、現代まで続く日本近代の経済に関する研究が重要な分野とされていた。

一九九〇年代の後期から、日本の経済は低迷期に入り、神話化された時期が過ぎ去り、近代化の研究思潮も次第に沈静化してきた。とはいえ、歴史的事実の研究価値は変わりない。不振期であるからこそ、歴史的に成功した経験を参考にする必要があるようにも考えられる。

歴史を顧みると、日本の近代化も奇跡であるといって過言ではない。開国をもって大量の西洋文明を輸入し、比較的順調に広範囲にわたって政治、法律などの改革を実施し、資本主義への路線を推進し、短期間に封建制から資本主義への転換を実現させた。日本の明治期には、福沢諭吉などの啓蒙思想家たちが西洋の思想・文化を吸収し、儒学を主とする伝統思想を「封建思想」、身分制を「封建制」と呼び、批判を浴びせた。江戸時代の儒学は、身分秩序のうち「商」を一番下におき、商人・商業を賤しむ考え方、すなわち「賤商」として、金儲けを卑しいことと考え、軽蔑する傾向が、経済の発展を阻害していたと論じた。第二次世界大戦に敗北した日本は、この明治初頭の考えを高く評価し、「第二の開国」と経済復興に邁進した。

だが、一定の時期が過ぎ去ると、新たな角度から過去を省み、客観的かつ冷静に近代化の問題を見直そうとする傾向が生まれた。日本資本主義は、世界の資本主義経済と同じであり、西洋化のように語られてきたが、その経済倫理思想は西洋のものと全く異なっていたことが次第に明らかにされてきた。西洋から導入した自由主義を試しながらも、伝統思想、つまり儒家経典を再解釈し、それを利用して、資本主義の発展に適応する経済倫理思想の確立に至ったのだった。

日本近代における経済倫理思想では、渋沢栄一という人物がしばしば「日本資本主義の父」としてとりあげられる。「渋沢栄一が、明治時代という、日本史上最も光輝ある建設、発展期の実業界の最高の指導者であったことは、すでに定説となっているといってよい」(1)。その代表作は『論語と算盤』(一九一六) である。この題名からわかるように、彼は儒学の古典である『論語』を基礎にして日本的資本主義の経済倫理を構築していた。彼が本来、組みあわせられない「論語」と「算盤」とを統一する「道徳経済合一説」をもって、日本の資本主義の経済道徳としていたことが改めて認識されたのである。

ウィーン出身の経営学者として著名なピーター・F・ドラッカーは今日、渋沢栄一の思想を絶賛している。「率直にいって私は、経営の『社会的責任』について論じた歴史的人物の中で、かの偉大な明治を築いた偉大な人物の一人である渋沢栄一の右に出るものを知らない。彼は世界のだれよりも早く、経営の本質は『責任』にほかならないということを見抜いていた」(『[エッセンシャル版] マネジメント——基本と原則』序文、上田惇生編訳、ダイヤモンド社、二〇〇一)。

渋沢栄一が「論語と算盤」をモットーに掲げたのは、ドイツの社会学者、マックス・ウェーバーの『プロテスタンティズムの倫理と資本主義の精神』(Max Weber, *Die protestantische Ethik und der "Geist" des Kapitalismus*, 1904~1905) をヒントにしたと推測する人もいる。渋沢はヨーロッパの財界も知っており、ヒントとして働いて不思議ではない。ウェーバーは資本主義経済システムの仕掛けを暴くだけのマルクス主義に対抗して、客観的な論文の形式で、資本主義を生み出した根源を禁欲と蓄財の倫理であるプロテスタンティズムに探った。ウェーバーの論文も資本主義は私利私欲を満たそうとする衝動が生んだものではないと語っている。渋沢がモットーとした「論語と算盤」は日本の財界人はかくあるべしと説くためであり、学術論文ではない。だが、私利私欲を抑える伝統思想を強調する点で、両者は似ている。

ところが、ウェーバーは中国では商業が発達していたが、儒学に阻まれ、資本主義へと発達することはなかったと言っている。実際、儒学には伝統的に「賤商」の思想が色濃い。中国には中華民国になってからも、『論語』と算盤を組み合わせるような思想家は出なかった。それゆえ、渋沢の近代的経済倫理は、日本的特色を持つ思想ということになるが、日本の儒学も「賤商」の思想に染まっていたはずだ。なぜ、渋沢はそれを払拭できたのだろうか。

儒学を基盤にした経済倫理思想など、西洋にあるわけがない。それが、なぜ、日本の近代に登場し、日本の資本主義的経済を育てることになったのか。その素朴な疑問が、本書の出発点にある。特に儒学の発祥地である中国にとっては、どのように自らの伝統的精華を利用して、経済倫理思想を構築することができるかの参考になるであろう。

渋沢栄一の思想に踏み込んでみると、儒学と経済の現実とを適切に組み合わせていることがわかる。それは、しかし、急に生まれたわけではない。すでに江戸時代のうちに、儒学を経済の現実にあわせる試みは始まっていた。それは彼の独創ではなく、たとえば荻生徂徠（一六六六～一七二八）の思想を利用しているといわれている。(2)

それゆえ、渋沢栄一の経済倫理思想の仕組みを明らかにするためにも、まず、彼がよく利用した荻生徂徠の思想から研究しようと思う。荻生徂徠という人物は、日本思想史において重要な影響力をもっていた思想家である。徳川幕府が最初に財政的困窮に見舞われた時期に、幕府の立場に立ち、統治政権を擁護し、政治を道徳より優位に置いて、優れた政治論を提唱したが、経済論については総じて保守的であった。徳川封建制の基礎である自給自足の自然経済を維持するために、当時の商品経済の勢いに歯止めを掛ける理論を提出したことで知られている。

しかし、よく考察するなら、彼が新たな理論を生み出し、儒学の内実を革新させていたことがわかる。徂徠には「公」と「私」の領域の分化、人間の利欲に対する寛容、及び商業と貨幣の作用の肯定などの思想があり、時勢に応じて経済の発展と妥協する態度があったことは見逃せない。福沢諭吉ではなく、渋沢栄一から振り返ってみた場合、徂徠によって近代的な経済倫理思想への経路が最初に開かれたともいえるのである。

だが、荻生徂徠と渋沢栄一とでは、あまりに歴史的にかけ離れている。片や江戸幕府の顧問格であり、片や明治期に金融関係をはじめ、多くの民間企業を育てた人である。時間的に隔たっているだけでなく、活動した社会基盤も、経済思想の中身も、あまりにちがいすぎる。そこで、江戸時代後期に活躍した徂徠の孫弟子にあたる海保青陵の思想に着目してみたい。彼の思想は「経済合理主義」と評され、近代思想そのもののようにもいわれてきたからである。

江戸時代には武士たちは商業を軽蔑し、商業に関与することが禁止されていたと考えられてきたので、明治時代になると、その武士層が資本主義建設の担い手へと急速に自己変革を遂げたように思えるが、そうではなく、すでに武士が藩の経営のために経済に関与することを勧める考えがあったのだ。日本近代に起こった思想は、すでに徳川時代に蓄積され準備されていたことになる。そのような積み重ねがあったからこそ、明治以後の迅速な近代化の実現が可能になったことはまちがいなく言えそうだ。実際、江戸時代のうちから内在的に資本主義的要素が発展していたという説も唱えられてきた。

だが、逆の考えもある。中国の古代・中世の科学文明の研究で著名なジョゼフ・ニーダムは、ヨーロッパでは前近代の「貴族的軍事封建制」のもとで重商主義が展開したことにより資本主義に発展したと考えた。前近代の中国は「官僚封建制」だったため資本主義が発展することはなかったが、日本の江戸時代はヨーロッパ型と同じ「貴族的軍事封建制」であり、商業もよく発達していた。それなのに、なぜ、資本主義に発展しなかったのか、と疑問を呈している。[3] 日本の江戸時代が、本当にヨーロッパと同じ「貴族的軍事封建制」だったかどうかは別にして、ニーダムのいうとおり、前近代のうちに蓄積された要素がそのまま資本主義に発展したわけではない。それには黒船ショックによる開国と近代国家への歩みが必要だった。これも否定できない。

それゆえ、本書は、江戸時代に蓄積された要素と開国以降の明治時代からの日本の歩みを、連続性と転換の観点から、統合的に把握する。すなわち、荻生徂徠から海保青陵を経て、渋沢栄一に至る儒学において、どのようにして商業を肯定する思想が形成されてきたか、それらにおける経済倫理思想はどのように変転してきたかを、江戸時代から明治期にかけての経済状態の変化とあわせて追究することにしたい。

本書の構成

本書は序論と結論を含み、全七章で構成する。第一章は序論にあたり、まず、問題意識を鮮明にするために、研究の主題である日本の近代的な経済倫理思想を概説する。次に、歴史学において定義される「近代」という時代区分について明確にし、近代的な諸要素が胎動した江戸時代という「前近代」とを合せて考察する必要を論じる。そして、「経済倫理思想」という言葉の定義と歴史的根拠を示した上で、これまでの日本における近代的な経済倫理思想の特徴について論じた中・日両国および西洋の研究者による研究を概観し、先行研究において経済倫理への着眼が弱いことを指摘する。その原因を探って、本研究の課題・意義・研究方法と研究構成をまとめる。

第二章では、日本における近代的な経済倫理思想の諸要素が生まれた歴史的基盤を考察する。まず、封建制の基盤である土地制度および社会構造について、その思想基盤である義を重んじ、利を軽んじる「重義軽利」「賤商」などの経済倫理思想、及びその思想の根源についてまとめ、徳川幕藩体制の政治的二重構造、日本的特殊性を把握することを試みる。徳川幕府によって度量衡が統一され、貨幣経済が発達し、商品経済の発展とともに都市が発達し、経済の流通手段が整備されていたこと、それに伴って商人が成長し、武士が没落する問題が引き起こされたことなど、社会の各方面の変遷について考察し、この経済問題の発生から経済倫理思想の変遷が始まったことを明らかにする。

第三章では、近代的な経済倫理思想の萌芽について考察する。江戸時代の碩儒であり、日本思想史において大きな影響力を持つ荻生徂徠を対象に、彼が中国・明代に起こった詩文の尚古主義、すなわち古文辞派の影響を受けながら、経済倫理思想を革新したことを実証的に分析する。まず、徂徠の主な思想を紹介し、彼が独自の「古文辞学」の方法を開発し、経典を再解釈することにより、旧来の儒学を時勢に応じて革新する経路を開く性格をもっていたことを明らかにする。徂徠は儒学本来の「天命観」を変容させ、朱子学の道徳合理主義を解体した。経済問題に関する考えについても、徳川幕府を擁護しようとする目的と、客観的現実において進行する経済の趨勢に妥協せざるを得ず、「公」と「私」を分化し、利欲に寛容な、商業作用を肯定する一見、矛盾した態度をとったこと、その後者が経済倫理思想の近代的な要素を養成する結果を生んだことを解明する。

第四章は、徳川後期における、もっとも特徴的な儒学者の一人と言われる海保青陵を具体例として、「理」を指導原理とし、現実に基づく「合理主義」を強調したことを論じる。徳川政権が採用した朱子学の道徳合理主義は、徂徠の強烈な批判によって破壊され、それを受け継いだ青陵は、客観的・必然的な性格をもつ「理」を立て直し、諸藩における君臣の関係は一種の「売買」関係であると喝破した。そして、公然かつ全面的に諸藩が経済発展を推進すべきであると興利論を打ち出した。つまりは、武士層も積極的に商業に参加すべきことを提唱したのである。ここに幕藩体制を打ち破るものではないが、商品経済の発展に順応する最も近代的合理主義に近い思想が成立した。

幕府の顧問格だった荻生徂徠は、幕府の立場に立って儒学を革新したが、海保青陵は、その思想を踏襲しながら、江戸時代後期の諸藩のために、経済倫理思想を最も近代的な方向へと押し進めた。徳川時代における権力の二重構造は、諸藩の経済発展を促すという、もうひとつの「公」の立場に立つことを可能にしていたのである。

第五章では、荻生徂徠とその学統、太宰春台と海保青陵の経済倫理思想が江戸時代中後期の現実即応的な「実学」の展開と産業の発展の全体に果たした役割について考える。「実学」は、朱熹が『中庸章句』で、唐漢の訓詁注釈を専らとした儒学を「無用」、仏教と老荘思想を「寂滅」の教え、「無実」として退け、世の中を治める道徳を勧める自身の立場を「実」としたのが最初とされる。その意味を現実即応的なものに転換したのは荻生徂徠その人だった。彼が徳川幕府の権威を高め、かつ商業活動の活発化にも譲歩したのは、現実に対応する「経世の学」の姿勢をとったゆえである。そして徂徠の弟子、太宰春台は徂徠の「実学」思想を積極的に殖産興業政策に展開した。

なぜなら、江戸時代の幕藩二重権力体制は、商業活動の活発化と幕府と藩のせめぎ合いを不可避とするものだったからである。太宰春台は『経済録拾遺』（一七四七）で、各藩の富国政策を説いている。とりわけ享保の改革の後期から殖産興業の機運が各藩に及び、新田開発や鉱山開発を活発化した。それに続く田沼時代の重商政策は、各藩の特産品の専売などが中央市場を経由せずに各地を直接結ぶ全国市場の形成を促すに至る。その経緯を明らかにする。

徂徠の「実学」志向は、儒学者の中にも、天地自然から産物を取り出す「開物」思想を説く皆川淇園らが現われ、十七世紀末には、新田開発・干拓事業・植林など農民を指導した経験をもつ宮崎安貞による最初の体系的農書『農業全書』が著されるなど、技術的実践に向かう学の機運に同調するものでもあった。

今日「実学」志向は、朱子学受容によってもたらされたとも、また西学（蘭学）受容の下地になったとも言われているが、徂徠独自の「古文辞学」は、朱子学批判に向かった古学派の流れを受けたものであり、また、技術的実践に向かう学の機運も朱子学とは無縁な動きと言わざるをえない。実際、江戸時代後期に各藩に「富国」の思想、武士に藩のための金儲けを説いた海保青陵の書物は、藩の有力者に参照された形跡がある。「実学」志向が蘭学受容の下地になったのは確かであろうが、蘭学はむしろ趣味的に展開する傾向が強く、江戸時代中後期の産業と商業の活発化に結びつくものではなかった。海保青陵も蘭学を熱心に勉強したわけではない。

ところが、他方、各藩国の新田開発や鉱山開発の活発化は、日本の全国各地に洪水や「公害」を生み、一揆なども生じさせていたことが今日、明らかにされている。それに対して、多くの儒者たちは陰陽五行説により、開発の弊害を論じた。そのなかで海保青陵一人が経済合理主義の立場から対策を論じていた。だが、江戸時代中後期に発生した「公害」問題は、日本資本主義の発展期に起こった足尾銅山鉱毒事件のように大規模にならず、比較的穏便におさまった。それは自然と調和して生きることを教える陰陽五行説が歯止めとして働いたというより、諸藩が石高制のもとで農業生産物の収穫を第一にしなければならなかったことが最も大きな理由であろう。蘭学に学んで全国統一国家の建設、すなわち近代国民国家の建設に向かうことを説いた人は、黒船ショックを受けてのちの幕末を除けば、ごく少数であり、海保青陵の経済合理主義も、あくまで藩政のために唱えられたものであって、幕藩体制と石高制による経済制度の枠を破ることを志向してはいなかった。[4] 徂徠の学統の経済倫理も「実学」思想も、あくまでも幕藩体制が生んだものであり、それを突き崩す志向を孕んだものではなかったのである。

第六章では、明治期からの近代的な経済倫理思想の発展について、日本における近代資本主義の経済道徳と精神秩序を確立し、「日本資本主義の父」と呼ばれた渋沢栄一の思想を中心に考察する。彼がどのように前代の思想を利用し、また現実に応じて儒学と資本主義経済を組み合わせ、いわば穏健な経済倫理思想を確立したかを実証的に分析する。渋沢は徂徠学の現実即応的な方法論を踏襲し、儒学における「重義軽利」、また日本近代に拡がった「官尊民卑」などの観念を排除し、徂徠―青陵系の「公私」論を応用し、「天命」「道理」を根本に置く「士魂商才」を提唱した。『論語』の義と「算盤」の利を結合したのである。それが彼の「論語と算盤」説である。

このようにして、私利私欲に走ることなく、「利」を求める道、公益と私利とをつなげる論義、儒学を基礎とする日本近代資本主義に独特の経済道徳を構築したのである。これによって、日本には国家と社会のために経済の振興に寄与し、禁欲や倹約も社会の全体から要請されているとする経済倫理思想が打ち出されたのである。

第七章では、第二章から第五章までの内容を簡潔に総括したのち、日本における近代的経済倫理思想の特徴及びその成因についてまとめ、結論とする。日本は近代に入ってから資本主義への道を歩んできたが、マックス・ウェーバーが説いた「エートス」、すなわちキリスト教プロテスタンティズムの「天職」が禁欲と蓄財を可能にしたことを西洋資本主義の倫理的根源とする説とは異なり、経済倫理は儒学に立つ独特の奉公、職分思想などを受け継いだ「公」の思想、つまりは愛国を本位とし、また会社単位の集団主義を強調するものとなった。これは、客観的な現実の要請にあわせて目的意識を形成する日本民族の現実即応的な特性が、商業の発達を阻害するようにはたらく儒学を解釈替えすることによって形づくられたものと結論する。そして、最後に今後の課題を明示する。

▼注

（1）土屋喬雄「渋沢栄一の経済思想について」『社会経済史学（十六巻二号）』所収、社会経済史学会、一九五〇

（2）坂本慎一『渋沢栄一の経世済民思想』日本経済評論社、二〇〇二

（3）ジョゼフ・ニーダム「近代西欧科学を超えて」『ジョゼフ・ニーダムの世界』所収、日本地域社会研究所、一九八八

（4）鈴木貞美『日本人の自然観』作品社、二〇一八、序章、第二章を参照。

凡例

1、本文に引用した荻生徂徠の原文は吉川幸次郎・丸山真男・西田太一郎・辻達也校注の『日本思想大系三十六・荻生徂徠』（岩波書店、一九七三）、島田虔次他編の『荻生徂徠全集（第一巻）』（みすず書房、一九七三）による。

2、本文に引用した海保青陵の原文は塚谷晃弘・蔵並省自校注の『日本思想大系四十四・本多利明・海保青陵』（岩波書店、一九七〇）、横川四郎編、石濱知行解題の『海保青陵集』（誠文堂新光社、一九三五）および瀧本誠一の『日本経済叢書』（日本経済叢書刊行会、一九六六）と『日本経済大典』（啓明社、一九二九）に収録されたものであり、現代日本語の訳文は源了圓責任編集の『日本の名著二十三・山片蟠桃・海保青陵』（中央公論社、一九七一）を参考にした。

3、渋沢栄一の作品は、彼の著書『論語講義（第一巻）』（講談社、一九七七）、『論語講義（第二巻）』（講談社、一九七七）と『論語と算盤』（角川学芸出版、二〇〇八）による。必要上、引用した渋沢の言葉は、渋沢青淵記念財団竜門社に編集された『渋沢栄一伝記資料（全二十三巻）』（渋沢栄一伝記資料刊行会、一九五五～七一）、『青淵百話・乾』（国書刊行会、一九八六）、および『渋沢栄一訓言集』（国書刊行会、一九八六）による。

4、本文に見える固有名詞と引用文の文字はすべて現代日本語の常用漢字にし、常用漢字にないものはそのまま旧字体にした。

5、引用のうち、漢文は、読み下し文に書き換えた。

目次

日本における近代経済倫理の形成

第一章　序　論

一、問題意識

日本の近代化の過程は日本思想・文化の発展史において極めて重要な時期である。大量の西洋文明を輸入し、比較的順調に広範囲にわたって政治、法律などの改革を実施して幕藩体制を解体し、資本主義への路線を推進し、短期間に封建制から資本主義への転換を実現させた。とはいえ、この時期には、外来文化と自国文化を比較したり、外来文化の吸収を試みたり、見捨てたり、あるいは再認識したりと、幾多の紆余曲折を経て、西洋とは異なる日本の資本主義の経済発展に有効な思想を確立することが必要であった。そのようにして日本民族の特色を有する経済倫理思想を形成したともいえるだろう。

「日本資本主義の父」と呼ばれるのは渋沢栄一である。彼の代表作『論語と算盤』（一九一六）は、その題名からわかるように、儒学の古典である『論語』を基礎にして日本的資本主義の経済倫理を構築したものである。その内容は、儒学と経済の現実とを適切に組み合わせているが、それに類する試みは、すでに江戸時代のうちに、荻生徂徠から海保青陵にいたる学統によってなされていた。実際、渋沢栄一は江戸時代に育成されてきた儒学を元にした経済倫理思想を利用し、近代的なそれを組み立てたのである。日本近代の経済倫理思想を探求する上で、近代以前に経済倫理思想が儒学の枠中でしだいに変化し、近代的な変容の基盤を備えてきたことを見逃すわけにはいかない。

これまで明治初期に西欧の思想や文化、制度が受容されることによって、日本の近代化が始まったと考えられてきた。歴史的経緯としてはそれに間違いはないが、徳川時代に蓄積され準備された近代的な要素がなかったならば、明治以後の急速な近代化の実現は不可能であった。したがって、徳川時代から明治時代にかけての経済の発展と経済倫理思想の展開、国家や社会の制度の変化を連続的かつ総合的に把握する必要がある。

渋沢栄一の経済倫理思想の仕組みを明らかにするためにも、荻生徂徠のそれから考察しようと思う。荻生徂徠という人物は、日本思想史において重要な影響力をもっていた思想家である。八代将軍・徳川吉宗の非公式のブレーンをつとめ、『論語』などの解釈を換え、道徳主体の朱子学に替わる、聖人の「経世済民」の学を唱えて、幕府の安定のためにその権威を高める施策の提言を行ない、その学統は一世を風靡したとされる。そして、その学統は「経済合理主義」、近代経済思想そのものといわれる海保青陵の思想に至る。海保青陵は、荻生徂徠の孫弟子にあたる純然たる儒者であるが、君臣関係が一種の売買関係であると指摘し、諸藩の武士層が積極的に商業に従事すべきであると提唱していた。彼らは、儒学を元にしながら、どのように経済倫理思想を組み換えてきたのか。そして、それはどのような制度と経済の現実のなかで生じたのか。実際、経済倫理思想は、どのように変化したのか。当時の社会・歴史背景とともに考察してゆきたい。そのうえで、渋沢栄一はどのようにそれら前時代に備えられた思想を利用し、伝統思想と資本主義を組み合わせていったのか。そのような大きな枠組みにおいて、日本の経済倫理思想の流れを考えてゆきたい。

我々は思想家を評価する時に、思想内容に着目するだけではなく、その社会的・歴史的な位置と影響力を重んじて考察しなければならない。そのような流れを考えるにあたって、重要なことは、徳川封建制と呼ばれてきた体制は日本に特殊な体制であり、幕府と諸藩の二重の権力からなっていたことに気づく。荻生徂徠は非公式ではあるが幕府の顧問であったから、幕府の立場で経済倫理思想に影響を及ぼした。その徂徠の思想を受けつぎながら、海保青陵は、多くの藩に足を運び、それをさらに発展させ、経済倫理に関する理論を喧伝して歩いた。徂徠と異なり、「藩を富ます」という立場から重商的な理論を打ち出していた。このようなことが起こったのも、幕藩二重権力体制のゆえである。幕府は天皇から全国の管理権を委任され、各藩は幕府から領地の管理権を委任される関係にあった。各藩は、一定の自治権をもって領地での経済発展を促す役割を演じた。幕府は中央集権を強め、各藩の勢力を殺ごうとし、それに対して各藩は各自の勢力の拡大を図り、この鬩ぎあいが経済倫理思想の変化を生んだということもできる。徳川幕藩体制の二重構造と近代的な経済倫理思想の萌芽発生の関連について考察することも必要不可欠だろう。

二、日本の近代

日本の「近代」という時代区分にはさまざまな意見がある。近現代という呼び方も用いられている。だが、「近代」の始まりについては、今日の歴史学の時代区分においては二説に限られる。一つは一八五四年に幕末の日米和親条約により開国した時からとし、もう一つは一八六八年に明治維新によって王政復古を成した時からとする見解である。本書は経済倫理思想に主眼を置くため、経済制度の変革、すなわち税が石高制から金納制に転換した契機として、一八六八年の明治維新を近代の始めとする。

一般に、経済のシステムについては、封建制から資本主義に発展する経路が想定されている（中国古代の用語では、周代の政治制度、地方豪族勢力の上に王朝を築くのを「封建」、秦代以降、地方に中央から役人を派遣して中央集権的に運営するのを「郡県制」と呼んでいたが、ここでは、経済学の呼称を用いる）。

その二つの社会システムでは経済の地位と経済活動に対する考えが完全に異なっている。封建制は、主な財源が農産物であり、農民は土地に縛られなければならない。商業の発展によって労働力の流動を促し、商品経済と市場経済が発展すれば、封建的自給自足経済の体系は危うくなる。したがって、商業、経済の発展を防止するために、とくに中国の漢代以降、国家官僚の学になった儒学においては、「賤商」「軽利」などの傾向が強く、士・農・工・商の諸職業による身分制度が確立されていた。日本の徳川幕府も、これにならって「四民」の制度を採用した。その意味で経済学の用語では「封建制」を用いる。

資本主義は生産手段をもつ資本家が、生産手段をもたない賃金労働者を搾取して利潤を追求する社会システムである。カール・マルクスは『資本論』(Karl Heinrich Marx, *Das Kapital*, 1867)で、「労働力がそれ自身の所有者、すなわち、その労働力を自らのものとしている個人によって、商品として提供される、すなわち売却される限りにおいてのみであり[1]、また、売却されるという理由によってのみである」と述べている。農民が土地に縛られている限り、資本主義の仕組みはできない。マルクス主義の公式では封建制が崩れ、大量の農民が土地から離れて工場労働者になることによって、資本主義が成立する。それに伴い、貨幣経済が国民の隅々にまで浸透し、経済が社会の中心になり、人々はおカネがないと暮らせない状況になる。

そのようになるためには、合理的に利潤を追求することが重要になる。利潤を追求するという経済倫理思想は、東アジアの前近代では軽蔑されていた。その軽蔑されていた「商」という階級は、資本制下ではブルジョアジーと呼ばれ、一変して社会の主導階級になり、利潤の無限追求、営利などの経済活動が人間生活の主要な目的になった。その変化は革命的といってもよいほど大きな転換である。だが、民族精神の深層まで変化させることなど、一挙に、短期間に実現できるはずがない。

実際のところ、明治維新により武士身分を剝奪された武士は、官吏や教員になれなければ、農業につくか農村事業家として生きるよりなかった。そして、農業や鉱業を基礎に貿易立国を目指していた明治期の日本において、大量の農民が土地を離れ、労働者の人口が小作農を上まわるようになるのは、日清・日露戦争とそれに続く重税に苦しみ、土地を離れたゆえで、一九〇五年前後から一九二〇年までの期間といわれる。渋沢栄一は明治前期から金融や各種の企業の育成に努めていた。その経験に立っているとはいえ、彼の『論語と算盤』は、この大きな転換期、一九一六年に書かれている。急速に産業構造が変化し、一般庶民の生活も全面的に変化してゆく時期には、多くの社会矛盾が噴出し、暴動なども相ついだ。そのような社会に向けて、彼は伝統思想と経済第一とを組み合わせ、いわば穏健な資本主義の発達を説いたのである。つまり、単に利潤の追求だけを求める西洋の功利主義を模倣するのではなく、日本独自の経済倫理思想を確立した。それゆえにこそ、彼は「日本資本主義の父」といわれるのである。

その渋沢栄一がしばしば荻生徂徠の思想を参照していることに着眼するなら、前近代のうちに、日本独自の資本主義的経済倫理思想を準備したものがあるという観点を得、その前近代のうちに萌芽的に表れている近代思想の要素を解明することができるであろう。日本の近代的な経済倫理思想は、前近代に萌芽があり、一定の基礎を備えていたものが、明治近代に入って確立されたものと考えられるだろう。

それゆえ、本書は、儒学が盛んであった日本の前近代と近代とを、その連続性における変化を考察する。徳川時代に胎動した近代性を、思想史において代表的な存在である荻生徂徠と、その孫弟子にあたる海保青陵に探り、渋沢栄一の思想への影響を分析することで、日本における近代的な経済倫理思想の形成過程を研究してみたい。

江戸時代には経済を抑制していた段階から、経済の発展に応じて経済倫理思想を組み替えてきた経緯を探り、それが近代において独自の資本主義経済の倫理思想形成に至る過程にアプローチする。言い換えると、徳川時代に近代的経済倫理思想を準備する思想がいかにして形成されてきたか、それに働いた経済の趨勢はどのようなものであり、それに応じて儒学はどのように変遷したか、その関係を探ってゆきたい。そして、それらが近代に入ってから、いかに転換・変化したかを考察することによって、本書の課題は果たされると確信する。つまり、日本独自の近代資本主義の経済倫理思想を考察対象とし、徳川時代に遡ってその萌芽を探り、その変化及び発展の過程を主軸に据えて、その本質を探索してゆきたい。

三、経済倫理思想について

1　経済倫理思想の定義と歴史的根源

1・1　経済倫理思想の定義

経済倫理思想とは、直接には経済活動における倫理思想をいうが、道徳規範をカヴァーするばかりでなく、さらに民族精神にまで深く関わる多層的な意味をもつ思想である。倫理と道徳は、一般的には互いに置き換えて用いられることが多く、区別しない。だが、よく考えるなら、両者に差異を置くこともできる。かつてヘーゲルは国家の政治哲学を論じた『法の哲学』（Georg Wilhelm Friedrich Hegel, *Grundlinien der Philosophie des Rechts*, 1821）で、倫理と道徳を区別している。[2] 簡単にまとめると、道徳（Moral）は人間の善を求めて、自分自身の理と欲、情と性、義と利の矛盾を調整し、内的生命秩序をつくる主観的意志である。それに対して倫理（Ethik）は、社会において互いに所定のルールを遵守しながら、行動を通じて人と人の関係、社会生活の秩序をつくり出そうとする意志である。それは個々人の自由を規制し、その判断基準は是か非かになる。倫理は道理ないし理論に重きを置き、正義と公正を表に打ち出すが、道徳にはそのようなものが存しないと言い換えることもできるだろう(3)。これを参照していえば、単なる道徳規範、道徳説教の類では、社会の共通目的に達するように人の経済活動を導くことはできない。特定の歴史条件におかれた社会全体にわたって、経済活動に普遍的拘束力を生み出すのが経済倫理であり、深い次元から社会精神、ないしは一種の民族心理を形成するものといえよう。

かつてマックス・ウェーバーは『プロテスタンティズムの倫理と資本主義の精神』で、ヨーロッパにおける資本主義の発達に不可欠なものとして、経済倫理をふくむ人々の情動全般を「エートス」と名づけ、カルヴァン派キリスト教徒が神から与えられた宗教的倫理、世俗内禁欲と生活合理化による蓄財を天職のように感じていると分析した。その経済倫理こそが資本主義を生み出し、資本主義の発展に巨大なる精神的動力を提供したと論じた。ヘーゲルのいう深いところから社会全般に働く「倫理」を問題にしていたと考えてよい。

今日の経済をめぐる国際的混乱は、人々がふたたび経済倫理思想とは何か、その本質と役割を問いなおし、それを様々な視角から研究しなくてはならない時代が訪れていることを告げている。それゆえ、実際、今日、経済倫理学の研究が盛んになっている。だが、経済学、哲学、倫理学、経営学、社会学など分野によって研究の方法、表現の形式が異なり、多様化している。ジョルジュ・エンデルレ主編『経済倫理学大辞典』(王淼洋訳文主編、上海人民出版社　二〇〇一)によると、経済倫理学にも様々な異なる観点があるという。例えば、ある人は、経済倫理学は、経済秩序の構造、企業などの経済組織における経営政策及び消費者の決定などと関わり、総括性をもっている概念であると考えている。また、ある人は、経済倫理学という問題に現象学的な観点からアプローチする。経済行為者の道徳より出発し、品行が正しい商人をめぐって討論を交わし、信用、勤勉などの徳行、特に企業家の慈善への熱心度を重んじていると説き、経済倫理学は広範な分野であることを指摘している。また経済倫理学を確定する方法論は、如何に現代経済に道徳規範と理想的な働きを与えうるかという問題を検討することにあると規定し、経済活動にかかわる道徳規範、及びその心理的原動力という二つの面を強調している。

だが、マックス・ウェーバーの『プロテスタンティズムの倫理と資本主義の精神』こそ経済倫理思想研究の原点といってよいのではないか。現代の厚生経済学（福祉の観点から様々な条件を勘案し、よりよい消費量やよりよい配分について記号論理学の手法を用いて経済倫理を追究する学問）の分野で大きな貢献をし、一九九八年ノーベル経済学賞を受賞したインドの経済学者、アマルティア・センも『倫理学と経済学』(Amartya Sen, *On Ethics and Economics*, 1987) において、経済倫理には二つの中心的な問題があると指摘している。その一つは経済行為への原動力であり[4]、もう一つは社会の成就・価値の判断であるとし[5]、経済活動における心理的起動力と価値判断を重んじている。

本書は、かつてのマックス・ウェーバーと現代のアマルティア・センらがともに強調する経済活動の精神的・意識的な基盤、心理的起動力としての「エートス」、経済活動における禁欲思想の根源や経済活動の価値判断を核心的要素とし、それに基づいて形成された実践的な経済倫理思想を対象とし、日本の江戸時代から近代にいたるその変遷を論じていきたい。

1・2　経済倫理思想の根源

経済倫理思想は、経済活動に関する倫理思想であり、昔から人間の思想の中に存在し、人間の経済活動とともに発展してきたものである。西洋の倫理思想の淵源は、古代ギリシアに遡ることができる。紀元前五世紀に、道徳・倫理をめぐる思想が生まれてきた。ソフィスト派（sophists）の代表であるプロタゴラス（Protagoras、BC490年ごろ〜BC420年ごろ）は、「人間は万物の尺度である」と唱え、人間が自身の感覚をもって知識を獲得し、個人的で、なおかつ感性的な欲望と私利の追求によって善悪の道徳基準を確立するという。同時代の唯心主義（イデアリズム）の巨匠、ソクラテス（Socrates、BC469〜BC399）は「徳は知識（知恵）である」と明言し、すべての道徳は知識に基づいており、無知な人は道徳をもっていないと主張した。その後、これを土台として、唯心主義の哲学者、プラトン（Plato、BC427〜BC347）は善と徳こそ至上であり、人間は個人の物欲を抑え、道徳を追求すべきと唱えた。また唯物主義（マテリアリズム）のレウキッポス（Leucippus, BC500〜BC440）は道徳と利益が密接な関連性を有し、快楽が利と害を分かつ根底であると主張した。二つの互いに相反する倫理思想が生まれたのである。この対立する二つの倫理思想を調和するため、アリストテレス（Aristotelēs, BC384〜BC322）は『政治学』(*Politica*) と『ニコマコス倫理学』(*Ēthica Nicomachēa*) の二著で、はじめて経済倫理思想をめぐる統合的な学説を提起した。徳には知的なものと道徳的・慣習的なものとがあり、知的な徳は教えから得られるが、道徳的な徳は習慣から得られるとし、共同体としてのポリス（都市国家）の生活にとって、必需品の確保と配分を行う制度を問題にしたのである。このように、経済倫理は、西洋において古代から重要視されてきた。これをおもとにして、それぞれの時代に異なる学派の経済学者・

哲学者が、様々な問題意識や角度から経済活動における倫理・道徳に関心を払ってきたのである。

東洋、とくに東アジアにおいては、西洋哲学の発生とほぼ同時代の古代中国に儒学が生まれた。孔子は、中国の生活環境の中で、夏・殷・周の三代という長い時代を経て形成された価値観・行為規範などの思想文化に基づき、倫理を本位にする儒学の体系を確立した。この儒学は、主に道徳を重んじ、「仁・義・礼・智・信・忠・孝」などの徳目を核にし、理性を重んじる文化の形で固められてきた。儒学は東洋の農村を基礎とする自給自足的な自然経済の社会を支配する統治政権に援用され、発展させられながら、政治的な目的により、民衆の利を追求することをなるべく抑制し、服従させる倫理的な原則と規範となって、各国の民族意識の深層まで浸透し、東洋各国の歴史に強い影響を与えた。中国・日本・韓国など東アジアの国家において、儒学は統治階級の思想として、経済活動を含めたすべての社会行為に強い指導力をもち、経済活動を調節する思想規範の基礎になった。義を重んじ、利を卑しむ伝統的な経済倫理思想が形成された。国家や共同体と個人の利害関係において、長く国家の政権を握る氏族の利益が何よりも最高の位置に置かれ、「公」のためすべての私益、私欲の追求を禁じる倫理が至上となり、道徳価値がすべての経済行為に対する唯一の評価基準となった。東洋は古代から西洋より道徳を重んじていたことは明白である。

近代的経済発展と資本主義の形成とともに、経済が社会の基礎となり、東洋の経済思想は変革を迫られたが、近代に入っても引き続き道徳を重んじ、経済活動においても倫理思想が強調されていた。日本においても、それは変わることなく、渋沢栄一は、日本における近代経済の発展と日本的資本主義を育てながら、儒学を援用し経済道徳を確立し、日本的特色をもつ資本主義精神を作り上げた。

一方、西洋には東洋とは異なる歴史的歩みがあった。近代に入り、経済と倫理が分離し、経済学という独立的・専門的な分野が育った。十八世紀のイギリスの哲学者・経済学者であるデイヴィッド・ヒュームは『人間本性論』(David Hume, *A Treatise of Human Nature*, 1739) において、「~である (is)」という命題からは推論によって「~すべき (ought)」という命題は導き出せないという原理を立て、道徳的判断は理性的推論によって導かれないことを論じた。このように事実の領域と価値の領域を分け、実証主義と規範主義を分かつ基礎が作られた。この原理が後世に、「ヒュームの法則」(Hume's law) と称され、その後も強い影響力をもち、経済と倫理の分離がもたらされた。「経済学の父」と呼ばれるイギリスの経済学者・倫理学者・哲学者であるアダム・スミス (Adam Smith, 1723~1790) は『国富論』(*An Inquiry into the Nature and Causes of the Wealth of Nations*, 1776) と『道徳情操論』(*The Theory of Moral Sentiments*, 1779) という二著を相次いで発表した。スミスは『国富論』で一般に人間の本性は私利に関心をもち、利己的であると唱え、『道徳情操論』においては、人間は他者の視線を意識し、他者に「同感 (sympathy)」を感じるゆえ、利他的であり、共感を社会行動の基礎におくべきであると主張した。その二つの矛盾する観点が「アダム・スミス問題」と呼ばれ、続く数世紀にわたり、さまざまな論議の対象となった。

その後、経済活動において自己利益のみに従って行動する「経済人」というモデルを想定し、その主観的価値観による行動を数理分析で示す新古典派経済学[6]が発展し、西洋における経済思想の主流になった。「価値中立」を主な原則として、もっぱらロジックの演繹を重んじ、道徳を論じないという態度をとるため、規範経済は実証経済にとって代わられた。ここから、経済に関する倫理思想を無視し、経済行為に元々深く存在していた道徳規範を排除し、科学化・数学化・公式化・技術化を発展させ、経済と倫理の関係を人為的に切り離してきたのである。

現代に入ると、経済と倫理の分離によって道徳的価値判断の劣化という現象が日々顕現し、また、日本経済の奇跡は、前述のように西洋の学者たちにショックを与えた。約二百年も世界に遅れ、一八六八年の「明治維新」をスタートラインとした近代化は、資本主義の構築を急速に実現し、さらに敗戦後、短期間に廃墟から経済の高度成長を実現し、先進国の一員となり、GDPもアメリカに次ぐ世界第二位となり、世界中から注目を集めた。西洋の学者は、資本主義の生産方式・制度などを、西洋の世界から学んできた日本が、いかにして西洋に勝る世界最高のスピードで経済を発展させてきたかということにとまどい、フィールドワークを通じた考察から、無視されてきた経済倫理思想が改めて視野に入り、関心を集めたのである。日本において経済倫理思想が極めて重要な力を発揮していることは見逃せないという点が顕現したとも言えよう。

このようにして、西洋世界においては、一九七〇年代の後半から、突如経済倫理が重視され、経済活動に関する不道徳の現象・個人的な経済行為の価値判断などについての討論が頻繁におこなわれ、一九七四年にアメリカのカンザス大学において第一次経済倫理学討論会が開かれた。大会の論文と会議の記録は出版され、経済倫理が一つの学問として成立することを示した。この間、専門的な研究組織が現れ、例えば、国際商業・倫理学会（International Society of Business, Economics and Ethics, ISBEE）、欧州経済倫理ネットワーク（European Business Ethics Network, EBEN）、アメリカ経済倫理学会（Society of Business Ethics）は、定期的に総会を開催し、同分野の研究者のために交流の舞台を提供している。グローバル化の中で、経済倫理の研究も迅速に国際的に広がった。中国、日本、韓国などの東洋の各国においても、日々経済倫理が重視され、研究成果が公にされつつある。

2 日本における近代的な経済倫理思想

最初に「経済倫理」という言葉を使ったマックス・ウェーバーは、プロテスタンティズムの宗教倫理は経済活動に心理的起動力を提供し、それによって労働を天職と見、職業に忠実であることによって得られる利潤が自己の信仰の証であったと論証した。神の恩寵の証という職業観が形成され、それとともに、宗教的な禁欲主義によって形成された理性的・合理的な功利主義、経済の道徳規範などの経済倫理が、資本主義の発生と経済の発展に重要な役割を果たすということを強調したのである。すなわち人間が、なぜ経済活動・蓄財をするか、また経済活動における自分の価値・意義は何か、という哲学的・深刻な問題を掘り下げ、プロテスタンティズムの現世的禁欲主義が、資本主義の発生を促し、また「天職」という神の啓示に基づいて経済活動に従事し、個人の内面的規範としての禁欲精神から来る資本主義の発展を促進したということを指摘した。この百年以上前の学説は、現在まで、西洋の指導的な倫理思想であり、今もなお強い影響力をもっている。

そのとき、マックス・ウェーバーは、中国において儒学は資本主義の経済発展を妨げたという観点を提起した。ところが、彼の言説より約半世紀の後、日本は奇跡的な経済発展という事実をもって彼のその考えに反駁した。近代実業界に活躍した指導者である渋沢栄一は、儒学と資本主義の経済を組み合わせ、儒学を元にして近代的な経済倫理思想を確立し、日本的資本主義の経済を促進した。学者達はフィールドワークを通じた研究を重ねた結果、日本経済発展の倫理的な要素の一つが儒学だと認めざるを得なかった。アメリカの経済学者フランク・ギブニーは『日本経済成功の秘密』(Frank Gibney, *The Real Reasons Behind Japan's Economic Success*, 1982) で、日本の成功が、古代中国の孔子の倫理と第二次大戦後のアメリカ占領期に導入された民主的経済を融合して巧みに運用したことが要因であると述べた。[7] R・N・ベラーはその著書『日本近代化と宗教倫理』(未來社、一九六二) において、日本の現代経済を促進した文化的根源が徳川時代の伝統思想、儒学を主とするものと指摘している。[8] 山本七平は『日本資本主義の精神』(PHP、一九九五) でいわゆる日本資本主義の精神を徳川時代の商人文化の一部における儒学の観念、例えば忠誠心、勤勉、自律、節倹等として纏めた。[9] 森嶋通夫は『なぜ日本は「成功」したか?――先進技術と日本的心情』(TBSブリタニカ、一九八四) では日本の成功のキーポイントが西洋の技術と伝統的な精神との結合にあると述べた。[10]

すなわち、日本の近代に資本主義のために確立された経済倫理思想は、伝統である儒学を活用して、資本主義経済の発展に思想的・心理的な動力を提供したと言えよう。封建制下で儒学を根拠にする経済倫理思想は「賤商」「軽利」などの傾向で経済の発展を阻害したが、近代的な経済倫理思想は、同じ儒学を資本主義に適応するように解釈し直し、日本的資本主義の経済を発展させることになったのである。

だが、実は、徳川幕藩体制下において、社会内部の矛盾が発現することに対して、儒学の内部的な変革が次第に進行していた。日本において、朱子学を批判し、古典に回帰することを提唱する古学派の流れを集大成した儒者は荻生徂徠である。彼は中国明代の詩文を古典に帰そうとした古文辞学にならい、それを儒家経典にも及ぼし、再解読することによって「道」論を打ち出し、儒学の内部的な革新をもたらした。徳川中期に、貨幣の問題と武士の困窮という経済問題が発生し、徂徠はその社会問題を解決するために、幕府の権力を守りながら、現実と妥協するために、私的な領域においては私欲を肯定し、営利的活動を認めた。儒学の義を重んじ、利を卑しむ考えを転換したのである。また彼の孫弟子である海保青陵は、徂徠に学びながらも、儒学の合理性を経済的合理主義に転換し、興利論を提唱した。渋沢栄一は、私的な利益を追求している商人たちも、それを「公」の事業の一環とするなら利を追求する価値があると論じた。この過程を通して、封建社会に一般的だった利を卑しむという傾向が利益の追求を肯定することに変じた。では、それはマックス・ウェーバーのいう西洋的な職分と同じなのか、ちがっているのか、ちがうのであれば、どのようにちがうのか、その考察にわれわれは進まなくてはならない。

四、先行研究

日本の近代的な思想・意識は徳川時代から、ゆっくりと少しずつ形成されたという考えは、今日の学界では、すでに定説になっている。中国の学者、劉岳兵は、「歴史の非関連性は関連性のもう一つの表れであり、日本の近代思想は江戸時代の藩制度から始まっている」[11]と述べている。日本思想史家、源了圓も「徳川時代に日本の近代性が潜在している」と言っている。[12] この点についてはすでにさまざまな角度から多くの学者たちが論証を行ってきた。日本における近代的資本主義の経済社会が急激な成長を遂げることができたのは、その思想の面において、近代意識とその基礎がすでに徳川時代に胎動し、育成されてきたためという見方である。

そのように歴史的な連続性を考慮し、日本の近代化過程で形成された経済倫理と伝統思想を関連させて研究したものとして、まず取り扱わなければならないのは、アメリカの社会学者であるR・N・ベラーの『日本近代化と宗教倫理』（堀一郎、池田昭訳、未來社、一九六二）である。彼はマックス・ウェーバーのプロテスタンティズムの宗教倫理が西洋世界の資本主義を育ててきたという理論に対して、日本における伝統文化の中に近代化の形成と発展の動因を探っていた。そして、ベラーは、日本の徳川時代の二宮尊徳により生じた「報徳思想」と石田梅岩が提唱していた「心学」が、日本において近代的な経済的理性化の進展に重要な役割を果たし、それらこそが日本の近代的経済倫理の形成を押し進めてきたと指摘した。[13]また、中国の学者である劉金才は『町人倫理思想研究——日本近代化動因新論』（北京大学出版社、二〇〇一）において、石田梅岩により町人思想が生まれ、「町人階級とその価値倫理と精神こそ、日本における近世から近代への発展という歴史過程において、封建領主土地所有制、四民等級身分制と朱子学を基盤とする幕藩封建統制をむしばみ、崩壊させ、さらに壊滅させるという重要な役割を果たし、日本の近代的資本主義の生成と拡張を促進する作用を発揮し、日本における封建社会から近代資本主義社会への転換を推し進める精神的原動力の役割を果たした[14]」と述べている。

これらの研究成果は一定の程度、参考にする価値がある。特にベラーの著書は、日本と西洋だけではなく、中国でも極めて大きな反響を巻き起こした。歴史的な連続性と関連性を基礎にして考えると、石田梅岩と二宮尊徳の思想は、経済発展に応じた伝統思想の変容に一定の役割を果たしたとはいえるが、近代的な経済倫理思想、または近代資本主義の原動力というような作用をもつとまで評価したら、言い過ぎの気味があろう。石田梅岩は「心学」という町人の道徳と商業の職分思想を唱える理論を提唱したことにより、日本における経済倫理思想の発展に対して重要な地位を占めている。だが、心学は、「その内容においては最も多く宋学の影響を受けたものである」[15]。また上河正揚は、『聖賢証語国字解』の序において、梅岩は「学が程朱に本づきて、性理之蘊奥を発し」たと指摘し[16]、心学と朱子学の深い関係をはっきり認めなければならないであろうといい、また、永田広志は「倫理学上における心学の特徴は、倹約を道徳的な原理に高めてゐることである」[17]と述べている。周知のように、幕藩体制は統治の基礎である小農経済を保護するために、当時の経済発展を抑制し、「倹約」の政策をたびたび発した。梅岩はその政策を支持しているのであり、それを無視して独自性をいうことはできない。

また、梅岩の思想の内部に入って見れば、彼は幕藩政権に反対する声を一つも発していない。ここから分かるように、朱子学を基礎にする石田梅岩の経済倫理思想は封建制の枠に属している。確かに梅岩は心学によって町人の間に経済倫理思想を確立した。その功を認めないわけではないが、歴史的な実情に即して見れば、江戸の町人（主に商人）階級は経済力は強かったが、幕藩政権に依存し、旧政権を打倒し、新政権を樹立するという歴史的な使命を担わなかったのである[18]。

石田梅岩の「石門心学」によって町人思想、あるいは商人道徳が形成されたことは否定し得ない。石門心学が主張した勤勉、倹約などの道徳規範は、一見、近代的な経済倫理思想の徳目とほぼ同じであり、また彼は徳の実践において商人と武士は対等と主張し、封建身分秩序を思想において打破した。徳川後期においては、幕府やかなりの藩のなかに石門心学を奨励する動きも出たが、それは、石門心学が賄賂などの横行を防ぐ徳を正面に立てていたからである。それは政権・政治の価値を優位に置く体制の変革に向かうものではなかった。そして、江戸時代から続く商家は、明治期に入っても、信用を第一にし、暖簾を守る商法を転換したわけではなかった。それが急速に崩れ、二十世紀前期、日露戦争後に新興資本が激しい商戦を繰り広げるようになることは、今日、定説である。

日本は、明治維新によって、徳川幕藩体制を解体し、西洋の国家制度を模倣して国民国家を建設した。資本主義を迅速に受け取りながら、国家主導で工業革命を起し、重化学工業化を成し遂げ、その間、労働争議も多発した。だが、近代経済の発展を促進しうる経済倫理思想を確立し、それを乗り切ったことにより、奇蹟ともいうべき発展を見たのである。徳川時代からの経済倫理思想の連続的発展を見ると同時に、明治期における政治・経済体制の断絶、ないし転換も見なくてはならない。その断絶と転換を考えるとき、明治維新政権の担い手となった旧武家、武士層において、賤商、すなわち利を賤しむ考えが、どのように義よりも利己性を認める資本主義経済に適合するように転換していったか、その過程に着目しなくてはならない。

したがって、賤商から重商への変化、「義と利」の観念の変容、政治中心から経済中心へ移動したのかどうかなどに注目し、それに伴う日本近代経済倫理思想の独自性を考察してゆきたい。近代的な経済倫理思想の連続的発展性について考えるならば、荻生徂徠の思想の影響力と作用の方が梅岩よりも重要である。なぜなら、渋沢栄一が確立した近代経済の発展を促進しうる経済倫理思想にはたらいたのは梅岩の思想ではなく、荻生徂徠系における儒学の考え方の変化であるからだ。徂徠と梅岩とを比べ、日本の近代的な経済倫理思想の発端が徂徠による伝統思想の革新にあったといえるならば、従来説にいささかの修正を促すことになろう。

経済倫理思想の研究において、梅岩のほかに、もう一人、よく評価されているのは二宮尊徳である。彼は江戸後期の農民階層に生まれ、「至誠」「勤労」「分度」「推譲」を主旨とする「報徳思想」を提唱し、藩財政の立て直しと農村改革の実践的な活動を指導し、経済倫理思想にも影響を与えた。ベラーの研究は、尊徳の思想はウェーバーが唱えた西洋的な経済倫理思想に比肩しうるものであり、その中に近代的な要素があると主張している。近代の前夜、日本の農村に経済倫理思想を提唱した二宮尊徳の考えは、明治期以降、農村事業家層の経済倫理に大きな影響があったことが認められている。

しかし、本書が主眼に置くのは、徳目や特定の階層に限ることのない、全社会のエートスである。その社会全般におよぶ思想の根源、文化の基礎を問うことこそが問題の核心である。近代に入ってから、大量の農民が労働者階級に変身したが、「殖産興業」「富国強兵」以外に、何か一つの経済倫理思想が社会全般に広まっていたわけではない。また、日本における資本主義の建設は上からのものであり、その担い手は士族であった。江戸時代から続く武士階級に起こった変化に着目するなら、やはり渋沢栄一が士族の伝統をも充分に考慮し、「武士道」をも模範にして商人の道、「士魂商才」を唱えたことに着目する以外にない。もちろん、石田梅岩や二宮尊徳の果たした役割を見逃してよいというわけではないが、本書は経済倫理思想の社会全般におよぶ展開に目を注ぐことを主眼に置き、各階層それぞれについては、今後の研究にまわすことにしたいと思う。

また、日本の近代的な経済倫理思想についての研究には、これまで、仏教の経済倫理思想に着目した成果の蓄積もある。例えば、芹川博通は『日本の近代化と宗教倫理』（多賀出版、一九九七）において、禅仏教の経済倫理、浄土教の経済倫理、鈴木正三の職業倫理、浄土真宗に影響を受けた近江商人の経済精神および儒教倫理と経済について論じているが、氏は論語と算盤の一致説を説いた渋沢栄一の思想によって、儒教倫理と経済とが組み合わされたことは明白であるとも述べている(19)。

むろん、経済倫理思想の研究に終始するのでは、実際の経済活動の進展との関係が疎かとなる。本書では日本の近代、及び前近代における経済活動の発展、趨勢などを、思想の内容と結びつけて考察するため、中世、近世の実業、経済などの歴史実情全般を研究した速水融、宮本又郎編の『日本経済史㈠——十七〜十八世紀』（岩波書店、一九八八）を参照する。その間の経済活動、特に新田開発、鉱山開発、売買と流通などが重要であり、それによって経済社会が成立したと論じている。他方、安藤精一の『近世公害史の研究』（吉川弘文館、一九九二）は、新田開発、鉱山開発などの経済発展に伴い、公害問題が頻発したことが示されている。つまり、徳川幕藩体制の下で発展を阻止しようとしても阻止できないほどの発展が促され、殖産興業がかえって環境に害を与えたことも重要である。荻生徂徠、海保青陵、および渋沢栄一の思想を広く実学思想全般の展開のなかで研究するために、源了圓の『実学思想の系譜』（講談社、一九八六）をはじめ、日本思想全般にわたる相良亨による『日本の思想——理・自然・道・天・心・伝統』（ぺりかん社、一九八九）、日本科学史研究の第一人者、三枝博音の『日本の思想文化』（中央公論社、一九七八）などを参照しながら、検討を行ってゆきたい。

上記のように、本書は渋沢栄一を中心に伝統と近代の全般にわたって連続性と断絶・転換について考察するが、まず、その思想面において、荻生徂徠、海保青陵、そして渋沢栄一に至る経済倫理思想の展開について、先行研究の概要を見てゆくことにする。

1　日本学者の研究成果

近代意識の萌芽を徳川時代に探った研究は、すでにいくつかある。代表的な一つは丸山眞男『日本政治思想史研究』（東京大学出版会、一九八三）であり、彼はそこで荻生徂徠の思想を中心に、西洋思想の展開をモデルにし、類比的に日本の実情を説明している。ほかには、家永三郎の『日本近代思想史研究』（東京大学出版会、一九五三）、源了圓の『徳川思想小史』（中央公論社、一九七三）、ジョン・W・ホール、マリウス・B・ジャンセン編、宮本又次、新保博監訳『徳川社会と近代化』（ミネルヴァ書房、一九七三）、大石慎三郎、中根千枝の『江戸時代と近代化』（筑摩書房、一九八六）なども ある。これらの研究は、思想の歴史的連続性に着目して近代思想を分析し、伝統思想である儒学が日本の近代化にはたした役割をよく認めているが、いずれも政治思想に重点を置いており、経済倫理思想への言及はほとんどない。

1・1　近世経済倫理思想についての研究成果

日本近世の経済倫理思想についての研究は、儒学を主要な内容にしている。東晋太郎は『近世日本の経済倫理』（有斐閣、一九六二）の中で、山鹿素行、熊沢蕃山、貝原益軒、荻生徂徠、三浦梅園、海保青陵および山片蟠桃などの儒者たちの経済倫理思想を分析し、日本近世の経済倫理思想を系統的に示した。[20] 川口浩の『江戸時代の経済思想――「経済主体」の形成』（勁草書房、一九九二）は、同じように熊沢蕃山、山鹿素行、荻生徂徠などの儒者たちの経済思想を研究し、徳川時代に形成された日本経済思想を分析している。[21] その他、瀧元誠一の『日本経済思想史』（日本評論社、一九二九）、島崎隆夫編集の『近世日本経済思想文選』（敬文堂、一九七二）、野村兼太郎の『概観日本経済思想史』（慶応出版社、一九三九）、本庄栄治郎の『日本経済思想史概説』（有斐閣、一九四六）、矢嶋道文の『近世日本の「重商主義」思想研究』（御茶の水書房、二〇〇三）などがある。これらは、経済倫理思想の内容を概観的に紹介した部分を含んでいる。また、たとえば杉原四郎の『日本の経済学史』（関西大学出版部、一九九二）には、近世に関する部分には多くの経済思想家が挙げられているが、その大部分は儒家について論述されている。[22] ここからも日本近世における経済倫理思想が儒学を中心にしていることは明白であろう。

また本研究の中心人物のひとりである荻生徂徠に関する研究はたくさん出ているが、先述したように、経済倫理に着目したものはまずないのが現状といえよう。

1・2　近代経済倫理思想についての研究成果

日本の経済思想研究は、西洋近代科学の一分野としての経済学を受容することによって始まった。初期においては西洋経済学や西洋経済思想が研究対象であり、一九三五年以降に初めて研究対象が西洋から日本本国に向けられるようになった。[23] しかし、今日でも、依然として、西洋経済思想が日本に及ぼした影響を分析したものが多い。例えば杉原四郎・長幸男編の『日本経済思想史読本』(東洋経済新報社、一九七九)は、徳川時代から戦後にかけての歴史の中で日本特有のものから西洋経済学まで全ての経済思想について詳しく紹介し、全部で十五章あり、自由主義経済思想、保守的経済思想、民族的経済思想、国家主義経済思想、帝国主義経済思想、社会主義経済思想などに分けて紹介している。序章の中で、徳川時代の経済思想を紹介しているが、事実上、儒家経済思想に等しい。近代に入ってからの大部分は西洋経済思想について書かれており、第三章の「日本経営理念の形成」の中で『論語』の近代化が日本経営理念の形成に関係していると記している。[24] 土屋喬雄は『日本経営理念史』(日本経済新聞社、一九六七)の中では、日本の経営理念の発展を紹介しており、徳川時代の儒学を基礎として発展したと書いている。[25] 更に彼は『続日本経営理念史』(日本経済新聞社、一九七二)の中で、近代日本の経営理念の基礎は二種類あり、一つは渋沢栄一を代表とした伝統的な儒学、もう一つは森村市左衛門などを代表とした西洋キリスト教を基にした理念であると書いている。[26] これらを見ると、儒学と経済思想の組み合わせを研究したものは、経営理念についてわずかになされた程度であるといってよい。

だが、現代すなわち第二次世界大戦後、特に高度経済成長期が到来したのち、はじめて日本的な経営理念、経済思想の特色などをめぐっての研究が盛んになり、日本の学界でも積極的に伝統思想と経済を合わせた研究が行われ、遂に儒学が日本的資本主義の経済発展を促進したことが肯定されるようになった。森嶋通夫の『なぜ日本は「成功」したか?——先進技術と日本的心情』(TBSブリタニカ、一九八四)は、儒学は日本人の民族意識に大きく影響を及ぼし、日本社会を支えてきたと記している。中国から伝わったものではあるが、日本という社会に溶け込む中でその本質を変え、中国とは全く異なる日本特有の国民性を生み出し、その国民性が日本特有の文化を作り、日本の特殊な資本主義経済形態を生成し、日本の成功につながったと論じている。[27]その他、山本七平『日本資本主義の精神』（PHP文庫、一九九五）、谷口典子の『経済倫理と儒学』（昌平黌儒学文化研究所、二〇〇五）および『日本の経済社会システムと儒学——基層心理からの比較と再考』（時潮社、二〇一二）、佐藤武男「日本資本主義精神論」（松平記念経済・文化研究所、二〇〇〇）などがある。これらは日本的資本主義の経済倫理を、儒学を主にした伝統思想の道徳と比較し、あるいは儒学に根源を探し出そうという姿勢に立つが、その歴史的な展開に踏み込んで明らかにしているとはいいがたい。

一方、渋沢栄一に対する研究は非常に豊富で、企業創設や実践的経営に関するものが多いが、中には経済倫理思想に関する研究も存在する。まず、坂本慎一の研究成果を取り上げる。坂本は博士論文で渋沢栄一と儒学の関係を中心に考察し、その成果に基づいて『渋沢栄一の経世済民思想』（日本経済評論社、二〇〇二）という著作を出版した。その中で彼は、渋沢の儒学の根底を分析し、徂徠学と水戸学の影響を受けたことを論証した。[28]その他、竜門社編『渋沢栄一伝記資料（全六十八巻）』（渋沢栄一伝記資料刊行会、一九五五〜一九七一）、山本七平『渋沢栄一近代の創造』（祥伝社、二〇〇九）、渡部昇一『渋沢栄一「論語と算盤」が教える人生繁栄の道』（致知出版社、二〇〇九）、小野健知『渋沢栄一と人倫思想』（大明堂、一九九七）、深沢賢治『渋沢論語をよむ』（明徳出版社、一九九六）などがある。

論文類には、飯島寛一「近代日本の経営思想——澁澤榮一の『論語と算盤』を中心にして」（『中央学院大学社会システム研究所紀要』二号、二〇一一）、長谷川和雄「渋沢栄一と倫理的な精神主義——日本経済を立て直すヒント」（『青淵』七百三十五号、二〇一〇）、中島哲也「渋沢栄一の職分思想――日本資本主義創成期のエートス」（『法政大学大学院紀要』六十号、二〇〇八）、沖田行司「近代日本における道徳教育と経済倫理――渋沢栄一を中心として」（『教育文化』十五号、二〇〇六）、姜克實「渋沢栄一の慈善思想の特徴――治国平天下の儒学倫理」（『岡山大学文学部紀要』四十六号、二〇〇六）、渋澤健「渋沢栄一の『論語と算盤』を読む――事業に対する時には、利にさとらず、義にさとるようにしている」（『環境会議』二十五号、二〇〇六）、古藤友子「渋沢栄一の道徳経済合一説」（『自然と実学』三号、二〇〇三）、小野健知「『渋沢栄一』の経営倫理について」（『道都大学紀要』壱号、二〇〇二）、安原和雄「渋沢栄一に還れ――『論語・算盤』説の今日的意味」（『仏教経済研究』二十四号、一九九五）、小松章「渋沢栄一の実業思想――『青淵百話』にみる」（『一橋論叢』五号、二〇〇九）、谷口典子「福沢諭吉・渋沢栄一にみる普遍的ビジョンと儒学」（『東日本国際大学研究紀要』十三号、二〇〇二）、坂本慎一「渋沢栄一の近代資本主義論（下）抑商思想と渋沢栄一」（『発言者』八十三号、二〇〇一）、J・マツムラ著・岩澤良岱訳「儒教を信奉した近代日本の大実業家、経済界指導者　澁澤榮一翁（二）」（『国際経済研究』二百七十二号、二〇〇五）などがある。

これらは、渋沢栄一の思想から実業の経験まで、さまざまな面を論じているが、渋沢が「論語と算盤」を基本に近代的な経済と儒学を組み合わせてきたことは、よく認められているものの、渋沢の思想の源まで掘り下げたものは坂本慎一のものに限られるといってよい。

2　中国学者の研究成果

2・1　近代と儒学についての研究成果

中国では日本より日本の近代化過程における儒学の研究が進んでいる。前述した劉金才『町人倫理思想研究――日本近代化動因新論』のほかに、例えば王家驊『儒学与日本現代化』(浙江人民出版社、一九九六)、厳紹湯『日本中国史』(江西人民出版社、一九九二)、黄俊傑編集『儒学在現代東亜――日本篇』(台湾中央研究院中国文哲研究所、一九九九)、劉岳兵による『日本近代儒学研究』(商務印書館、二〇〇三)、『明治儒学与近代日本』(上海古籍出版社、二〇〇五)および『日本近現代思想史』(世界知識出版社、二〇一〇)などがあり、関係論文には、高増傑「歴史在沈思――日本文化発展的軌迹」(『日本問題研究』、一九八九年第五期)、孫政「儒家文化在日本近代化過程中的地位和作用」(『日本研究』、一九九六年第四期)、趙人俊「儒学与中日近代化的起歩」(『探索与争鳴』、一九九〇年第四期)などがある。日本の近代化過程を、儒学中心の経済建設として研究した成果には大きな意味があろう。

2・2　日本の近代的経済倫理思想に関する研究成果

だが、経済倫理思想について詳しく研究しているものはほとんどない。日本の儒家および儒家経済思想についての研究論文のなかに、日本経済思想に関する内容が断片的に散らばっているだけである。

高増傑による「通商富国戦略的思想先駆――本多利明及其〝交易〟学説」(『日本学刊』、二〇〇一年第六期)と「日本封建社会末期的儒学変異――試論海保青陵的学説及其意義」(『日本学刊』、一九九一年第六期)、「海保青陵」(『日本問題研究参考史料』、一九七四年第五期)、鐘放の「本多利明的重商主義思想」(『日本研究』、二〇〇二年第二期)、劉毅・孫洋の「論横井小楠的経済思想」(『理論界』、二〇〇八年第十一期)、韋立新・鄧文君の「幕末佐久間象山的経済思想」(『日本問題研究』、二〇一一年第九期)、叶坦「石田梅岩的経済思想与儒学」(『哲学研究』、一九九八年第四期)、劉金才「〝論語加算盤説〟的思想主旨」(『貴州民族学院学報』、二〇〇五年第三期)、黄云明「試論渋沢栄一的経済倫理思想」(『河北学刊』、二〇〇一年第五期)、袁方「渋沢栄一的儒学」(『明治時代的儒学』『国際学術研討会論文集』、二〇〇四年第三期)、張立文「儒教開出東亜近代的〝外王〟之路――从〝論語算盤〟説看儒教与日本的近代化」(『儒教与東亜的近代国際学術研討会』、二〇〇四年第三期)、趙慧、安善花「二宮尊徳経済思想的時代調和性」(『大連大学学報』、二〇一〇年四期)、周愛萍「新井白石的貨幣論与正徳貨幣改鋳」(『世界歴史』、二〇〇七年第五期)などが、それにあたる。これらの研究成果は日本の近代化過程に於ける儒学の一面に言及しているが、経済の発展と経済倫理思想の展開を社会の各要素と関連させ、より詳しく研究する必要がある。

3　西洋学者の研究成果

ヨーロッパでは早くからアジアに関心が向けられていたが、東アジアについては中国文化への関心が主であり、日本に関心が向けられたのは十九世紀後半からである。いずれも中国趣味、日本趣味といった程度のものであり、客観的な学問上の関心とはいえない。アメリカには中国学の伝統はなく、ペリーが開港地を求めて、日本に開国を迫ったことから、日本との関係が生じた。これが日本でいう黒船ショックの代表である。イギリスがアヘン戦争で香港を支配下に置いたことが、小さな島国の日本にとっては大変な脅威であった。

明治政府はヨーロッパやアメリカからさまざまな分野の外国人を招き、近代化の知恵を借りた。キリスト教各派の宣教師をはじめ、多くの外国人が日本についての情報を本国に送った。また日本は十九世紀後半から日清、日露と立て続けに戦争を行い、とりわけ、かろうじてではあるが、大国ロシアを打ち破った日露戦争は日本の名を世界にとどろかせ、関心が高まった。

だが、日本の倫理などの思想が学問的な研究の対象になったのは、アメリカが第二次世界大戦に際し、日本と闘うために国民性を分析の対象にしてからである。第二次大戦後、アメリカは日本を占領し、ソ連圏に対抗する自由主義圏の一翼として育成することに成功した。アメリカはいわば日本の教師の位置にあり、文学などを除けば、日本は研究の対象ではなかった。とりわけ経済に関しては、日本が戦後に奇跡的な経済成長を遂げてから研究対象になった。

西洋学者たちは、西洋から経済制度を模倣してきた日本が、どうして西洋諸国よりもハイ・スピードで経済の成長発展をなしとげえたか、という関心から、日本の思想、文化に注目を寄せた。これに対する研究成果も豊富で、「儒家資本主義」[29]学説が提唱されたほどである。ハーマン・カーンの『世界経済の発展――一九七九年とそれ以後』(Herman Kahn, *World Economic Development : 1979 and Beyond*, 1979)、アンソニー・G・アトスの『日本における管理術』(Anthony G.Athos, *The Art of Japanese Management*, 1982)、ロデリック・マックファークァーの『脱儒学の挑戦』(Roderick MacFarquhar, *The Post-Confucian Challenge*, 1980)、ウィリアム・オウチの『理論Z』(William Ouchi, *Theory Z*, 1981)、フランク・ギブニーの『日本経済奇跡の真実』(Frank Gibney, *The Real Reasons Behind Japan's Economic Success*, 1982)、エズラ・F・ヴォーゲルの『ジャパン・アズ・ナンバー・ワン——アメリカへの教訓』(Ezra Feivel Vogel, *Japan as Number One : Lessons for America*, 1979) と『再論日本第一』(Ezra Feivel Vogel, *Is Japan Still Number One*, 2001) などがある。

これらの研究成果により、日本の伝統思想のメリットが歴史の舞台に登った。特にハーマン・カーンは初期に、「新儒家」の呼び名を借りて日本の経済倫理を説明し、ここから「儒家資本主義」学説が発展してきた。しかし、これらの研究は、経営法、経済団体の内部的人間関係及び企業文化など企業の現状に重きを置き、思想面においては、伝統思想と比較しながら論じることはあるものの深みに欠け、また「近代」を飛び越し、直接近世以前を分析するなど、方法的にも問題がある。

4　先行研究の問題点およびその原因

これまでの研究成果をまとめると、次のような問題点が存在する。近代的な思想の発展、形成などを研究するには、西洋思想の概念により、西洋の歴史的な進展に対比して日本の現象を説明することが多い。それは日本の特殊性を充分に認めることにはならず、近代化という思想の変遷及び近代的な経済倫理思想の形成などの全過程の分析には不適切である。

とりわけ近代的経済倫理思想に関する研究は、マックス・ウェーバーの西洋的な資本主義精神を論じた経済倫理を手本にし、その中の核心的なことを日本の伝統思想にも見ようとする傾向がある。だが、日本においては内発的、自然的に資本主義が生じなかったのが歴史の現実である。江戸時代における近代的な経済倫理思想への接近が西洋の過程と異なっていることは自明であろう。

先行研究には、なぜ以上の問題点が存在しているのか、その原因は次のような点にあると思う。明治期に入り、西洋の思想・文化が一気に日本に流れ込み、大きな影響を受けがちであったが、伝統思想とは衝突することも多かった。そのような混乱の中から近代的な経済倫理思想が形成されてくるが、かつての日本における近代思想の研究では、外因を重んじ、西洋の発展をモデルにして、日本の近代化の過程を測るのが一般的であった。一部の学者は近代日本文化には伝統的なものは存在せず、非連続的な文化の断層に過ぎないという考えに至った。西洋思想の影響を考慮しなければならないのはもちろんだが、西洋と異なり、日本では封建制度から資本主義に展開したわけでなく、幕藩二重権力を解体し、再編して国民国家を形成したのであって、コースが異なることを充分に考えることが必要である。日本の思想史上においても、近代化の過程はきわめて複雑である。

一九六〇年にアメリカの学者が中心になって行われた「箱根会議」では、欧米で長くかかって進行した近代化のプロセスが、なぜ、日本では短期間でなされたか、という問題設定がなされ、その後、研究者のあいだに「江戸熱」が盛んになった。ここから、近代化の内因を江戸時代に遡り、伝統思想の内部変化によって近代的な要素が生まれ、それが日本の近代化を促進したという主張が生まれた。いわゆる内在的近代化論である。経済倫理思想の近代化に関しても一定の研究成果があるが、政治制度、経済制度の転換の観点を加味し、連続性と転換を考察することが不可欠になろう。

五、本研究の課題・意義・方法

1　本研究の課題

先行研究の問題点に関する分析からも、本研究の課題は既に浮き彫りになっていよう。言い換えれば、本研究の課題は、諸先行研究の問題点を解決するところにあり、それが本研究の価値になると思われる。

手順をおおまかにいえば、まず、近代化という思想の変遷及び近代的な経済倫理思想の形成などの全過程について概括し、江戸時代に荻生徂徠と海保青陵が儒学における経済倫理思想を改革し、それを渋沢栄一がいかに資本主義経済建設のなかで引き継ぎ、日本的経済倫理を組み立てたかについて系統的に考察する。

その上で、先行研究を踏まえて、日本の客観的歴史事実に基づき、日本における「近代化」の特殊性を把握し、近代化の思想的動因とその社会、思想、文化などの背景を総合的に考察し、日本における近代的経済倫理思想の形成過程を明らかにする。

最後に、日本の歴史内部の改革などの要素を重んじながら、内因と外因の結合の仕方について検討し、歴史の変遷及び各時期の社会的実態と趨勢に応じて経済倫理思想が徐々に変化してきた実態を、前近代から近代への思想の連続性と転換という観点からまとめる。

2　本研究の意義と方法

本研究は、「論語と算盤」を提唱し、「日本資本主義の父」と称される渋沢栄一を中心にするが、新たな視点から従来の近代的経済倫理思想における研究の不備を補う。彼が参考にした荻生徂徠、海保青陵の思想を総合的に把握し、荻生徂徠から海保青陵を経て、渋沢栄一にいたる経路を想定し、日本における経済倫理思想形成の流れを検討する。日本の近代化の過程は民族的特色を有する経済倫理思想が形成された極めて重要な時期であるが、それは幾多の紆余曲折を経たものであり、その過程にこそ、独自性の由来が潜んでいると考える。特に儒学の発祥地である中国にとって、直面する経済倫理問題を解決し、新たに構築するために、伝統的精髄の利用の仕方という点で、大いに参考になるであろう。

日本の近代的意識は徳川時代にすでに芽生え、ある程度まで発展していたという観点に立ち、歴史学的区分である「近代」の限界を乗り越え、徳川封建制[30]が経済の抑制政策から経済発展の促進に変わっていったこと、そこに働いた経済倫理思想とそれに関連する近代意識の萌芽を探り、それらが近代に入ってから、どのように転換したかを考慮に入れて検討する。考察対象の「日本における近代的経済倫理思想」を近代意識が萌芽・形成された徳川時代にまで遡り、その形成の実態を明確にしようとするものである。

最後には、近代的経済倫理思想における日本と西洋を比較し、日本の近代的経済倫理思想の特徴を導き出したい。ひいては日本民族の目的意識性と実用主義原則、及び儒学の力を掘り出すことを目指している。

本書の課題を解決し、研究目的を実現するための方法として、格別、目新しい独自のものを用意しているわけではない。歴史学研究の原則に従い、文献研究を駆使して日本の豊富な関係史料を読み解き、なるべく多くの国内外の先行研究を参照し、相互に照らしあわせて、主観的解釈をできる限り抑制し、客観的な立場と視点を以って実証的に分析を進めていく。最新の学際的・国際的な研究をも吸収し、思想とそれを取り巻く現実、国家・社会制度や政策の連続性と転換の相に着目し、東西の経済倫理を比較する視点を重んじ、日本近代的経済倫理思想の特徴およびその要因について、総合的な文化史的研究を行いたい。

▼注

（1）カール・マルクス著、エンゲルス編、向坂逸郎訳『資本論1』岩波書店、一九九八、二九二ページ

（2）ヘーゲル著、範揚・張企泰訳『法哲学原理』商務印書館、一九七九、第二、三章を参照。

（3）鄭若娟「経済倫理——理論演進与実践考察」（厦門大学博士論文）、二〇〇六、六ページ

（4）原動力とは、もともと熱・水力・風力など、機械に運動を起こさせる力をさす。該書では「経済発展の活動のもととなる力」という。

（5）アマルティア・セン著、王宇・王文玉訳『倫理学与経済学』商務印書館、二〇〇〇、一〇ページ

（6）新古典派経済学（Neoclassical Economics）とは、経済学における学派の一つ。近年盛んになった新しい古典派（ニュー・クラシカル）との区別からネオ・クラシカルと呼ぶこともある。もともとはイギリスの古典派経済学の伝統を重視したアルフレッド・マーシャルの経済学（ケンブリッジ学派）を指すとされた用語である。
（7）フランク・ギブニー著、呉永順等訳『日本経済奇跡的奥妙』科学技術文献出版社、一九八五
（8）R．N．ベラー著、堀一郎・池田昭訳『日本近代化と宗教倫理』未来社、一九六二
（9）山本七平『日本資本主义の精神』PHP、一九九五
（10）森嶋通夫『なぜ日本は「成功」したか？――先進技術と日本的心情』TBSブリタニカ、一九八四
（11）劉岳兵『日本近現代思想史』世界知識出版社、二〇一〇、一ページ
（12）源了圓『徳川思想小史』中央公論社、一九七三、六ページ
（13）R．N．ベラー著、堀一郎、池田昭訳『日本近代化と宗教倫理』前掲書
（14）劉金才『町人倫理思想研究――日本近代化動因新論』北京大学出版社、二〇〇一、二ページ
「正是町人階級及其价値倫理和精神，在日本由近世向近代発展的歴史進呈中，起到了浸蝕，瓦解，毀滅以封建領主土地所有制，四民等級身份制和朱子学思想統治為基石的幕藩封建統治的重要作用，発揮了促動日本近代資本主義的生成和拡展，推動日本由封建社会向近代資本主義社会転型和発展的精神原動力作用」（訳文は筆者によるもの）。
（15）永田広志『日本哲学思想史』三笠書房、一九三八、一七八ページ
（16）加藤咄堂編『国民思想叢書・儒教篇』国民思想叢書刊行会、一九二九、四七一ページ
（17）永田広志『日本哲学思想史』前掲書、一八〇ページ
（18）家永三郎『日本文化史』岩波書店、一九八二、第七章を参照。
（19）芹川博通『日本の近代化と宗教倫理』多賀出版、一九九七、終章の第二を参照。

(20) 東晋太郎『近世日本の経済倫理』有斐閣、一九六二
(21) 川口浩『江戸時代の経済思想——「経済主体」の形成』勁草書房、一九九二
(22) 杉原四郎『日本の経済学史』関西大学出版部、一九九二
(23) Tessa・M・鈴木著、歴江訳『日本経済思想史』商務印書館、二〇〇〇
(24) 杉原四郎、長幸男編『日本経済思想史読本』東洋経済新報社、一九七九
(25) 土屋喬雄『日本経営理念史』日本経済新聞社、一九六七
(26) 土屋喬雄『続日本経営理念史』日本経済新聞社、一九六七
(27) 森嶋通夫『なぜ日本は「成功」したか？——先進技術と日本的心情』前掲書
(28) 坂本慎一『渋沢栄一の経世済民思想』日本経済評論社、二〇〇二
(29) 儒家資本主義とは、儒学が資本主義と産業化を促進することを唱える学説である。復旦大学の方克立教授が『中国哲学大辞典』で、儒家資本主義はまた「第三種現代化模式」あるいは「東アジア産業文明」と称されるもので、現代の新儒家は儒家文化を基にして、あるいは儒学の指導に従って、資本主義の現代化を実現することを提唱している。
(30) 徳川幕府の統治期に封建制と呼んだが、中国の中央集権制と西欧の領主的封建制と異なり、特殊的な性質を持っている。その特質を、第二章に詳細に説明しようとか、その特殊性を考えして、「徳川封建制」を名づける。

第二章　歴史的基盤

日本では江戸時代に「近代性」が胎動していたと見ることはできる。それはしかし、明治維新後、国民国家が形成され、西洋近代の文明文化が導入され、経済も資本主義に転換し、総じて「近代性」が発現した後から振り返って、それを準備した要素が見いだせるという意味である。江戸時代におけるその「近代性」は、鎖国政策によって海外貿易がほぼ幕府に管理されたなかで、ほとんど自発的に発生したものである。経済倫理思想の変容にはたらいた海外思想の影響は、中国宋代・明代の思想に限られ、とりわけ古文辞派の影響は無視できない。それに働いた蘭学の影響があったとしても、間接的なものに留まるだろう。そして、それはあくまでも幕藩体制を大前提にしたものであり、そのまま発展しても、自らの殻を破るような要素はもっていなかった。

徳川政権は統治のために障碍になるとして、一六一三年末に全国で天主教（キリスト教）を禁止し、伴天連（宣教師）をふくむキリスト教信者を追放、教会を破壊し、その迫害は日増しにはげしくなっていった。家康の死後、天主教への迫害は頂点に達し、他方、一六三九年にはポルトガル船の入港も禁止した。対外貿易は、一六四一年から長崎の出島におけるオランダと中国の商人によるものに限られ、主に銅を輸出し、中国から金・銀を入れたことは国際金融市場に影響を及ぼしたとされるほどであったが、幕府の独占事業だった。田沼意次が老中の時期、銅の生産が減ると海産物の乾物で補った[1]。出島を通じてオランダの書物から蘭学が展開したほかは、李朝朝鮮及び琉球王国の通信使の渡来に限られていた。十九世紀への転換期からロシア船が来航しはじめるが、一八五四年に日米和親条約が締結されるまでの二百年余りにわたって、海外の文物が出まわることが厳しく制限されていたことはまちがいない。それゆえ、その間に生じた思想上の変化は、外からの刺戟によるものよりも、江戸時代の特殊な歴史的・社会的な条件が生んだ内部矛盾に対応するためだったと考えてよい。

日本は「近代」に入り、政府主導で、三十〜四十年で資本主義と呼びうる状態を実現し、さらに二十五年ほどで国際的に見ても高度に発達したものになった。一九二〇年の国勢調査の戸主別統計では、工場労働者が小作農を上まわり、一九三〇年の統計資料では、重化学工業の生産高が軽工業のそれを上まわる。この短期間の急速な発展が「奇跡」と呼ばれるわけだが、今日、それを準備した産業の発展が、先にふれたように、速水融らによって統計的に明らかにされている。では、それを誘導したものは何かを考えるなら、経済倫理思想が問われることになる。

日本の江戸時代をめぐっては、世界史における「封建社会」の定義、「封建」段階論における位置づけ、また身分制をめぐって、いまでも学界の論争課題である。本書は、その解決を直接のテーマとするわけではない。だが、徳川幕藩体制の特殊性をいかに認識するかという点には深くかかわる。日本における科学としての歴史学は、西欧歴史学の概念および方法を受容して成り立ってきた。西欧歴史学上の「封建制」という用語及び関連する諸事情を、日本の事情とよく比較し、それに類似した形態として名づけることが妥当かどうかも慎重に検討しなければならない。

同じ「封建制」といっても、生産構造、政権機構、社会関係などには、大きな差異が存在する。政治的には幕藩二重権力体制で、経済制度は米に換算した穀物による徴収と配分（石高制）が行われた。その矛盾から、産業と市場経済に発展が生まれ、経済倫理にも変化が生じていたと考えることができる。まさにそこにこそ、本書が考察の対象とする「日本に特殊な近代的経済倫理思想」の萌芽が生じたのである。

一、徳川封建制の日本的特質

今日の日本の学界では、徳川封建時代の制度、「幕藩体制」を産業基盤から見る限り、「特殊日本的封建制」と定義することには異論がないと思われる。徳川政権の財源は農民から徴収する年貢米から成り立っており、自給自足的な小農経済を基礎にしている点では、封建的な特質は明白である。経済倫理思想も、当然、農を本にし、商を末にする「重農軽商」という封建的な特質をもっていた。しかし、税の管理は制度上、中央権力が握っているので、経済的にも中央集権に見える。

それは、西欧の領主の権限による「封建制」とも中国の中央集権的官僚制とも異なり、幕府と藩とが二重の権力構造をつくり、両者の勢力均衡の上で、江戸時代、二百六十年ほども「平和」が維持されていたのである。そのような特殊な構造であるゆえ、経済も発展し、全国市場も活発化したが、幕府・諸藩ともに消費の拡大、財政窮乏も常に招いた。しかし、その体制が崩壊するに至るには、黒船の来航、すなわち西洋帝国主義の圧力という引き金が必要だった。日本における経済倫理思想は、このような独特な歴史的過程をもつ体制内に、いわば「近代」的な萌芽を生じさせていたのである。

1　徳川封建制における政権の二重構造

日本の幕藩体制は、政治的には、天皇と、将軍が率いる幕府と諸藩とが共存する構造である。将軍は最高の権力者であるが、その上に天皇が最高の精神的な権威として存在する。その天皇から全国統治の委任を受けたのが将軍家である。将軍の権力は、さまざまな権力を多くの大名から預かる関係にあり、大名が管理する諸藩（武士集団）は、政治経済及び軍事において幕府から相対的な独立をたもち、「くに」と呼ばれる領地の経営にあたった。これが幕府への集権と諸藩への分権とが拮抗する二重権力の仕組みである。国際的に稀な制度であり、なかなか理解が届かなかったのも不思議ではない。

応仁の乱以降、日本社会は百年余りにわたり、戦国乱世が続いた。戦国時代には「下剋上」という標語であらわされるように大小を問わず、各地方で豪族や寺社の勢力などの権力争いが激化した。封建領主の割拠が頂点に達し、また、その支配体制に不満をもち、国一揆・土一揆を起こす者も現れ、社会は大きく混乱し、旧来の社会秩序、土地所有権はほぼ崩壊し、混沌としていた。その最中、尾張の織田信長が多くの勢力を糾合し、他の大名や寺社勢力を屈服させていった。自身は日本統一を前にして、家臣の明智光秀の反逆に遭い、命を落としたが、信長の事業を継いだ豊臣秀吉によって戦国乱世は終息した。豊臣政権下の一大名であった徳川家康は、ひそかに勢力を養い、秀吉の死後、豊臣政権の大名間の対立を利用し、最終的に一六〇〇年九月、わずか一日の関ヶ原の戦いによって、完全に政治の主導権を握った。一六〇三年には江戸に幕府を開き、強固な幕藩体制を築いた。それは二代秀忠、三代家光を通じて盤石のものになった。幕府の将軍は、制度上は全国の軍事大権を独占し、領地全体の三十パーセントを握り、全国の森林、鉱山及び江戸、大坂、京都、堺、奈良、長崎など重要な都市を掌握し、度量衡を統一、統一貨幣の発行、交通網の整備などを行った。これによって、経済システムは領国経済から全国経済へと転換してゆく。

徳川家康は天皇から「征夷大将軍」の称号を受け、その名義により、日本の最高位の統治者であることを保証させる反面、一六一五年に「禁中並公家諸法度」を発布し、天皇を神道という宗教的権威に祭り上げ、それを支える公家勢力には規制を加えて政治の舞台から追い払った。天皇は実質的に無力なだけではなく、財産においても弱かった。「近世の天皇の御料は、初期には二万石、後には少し増えて三万石、幕末には公家領を合算しても一二、三万石にしかなりませんでした」[2]と山口啓二は述べている。「石」は、検地を行い、米の収穫高（雑穀も米に換算）を見積もる単位。それに従って農民が作物を年貢として藩を通じて幕府に納め、幕府から諸藩に定めた石高の米が下付されるしくみが石高制である（詳しくは後述する）。

各村は神社を中心に結束させ、家ごとに仏教寺院に帰属させる檀家制度により管理した。朱子学を幕府公認の学問として、士・農・工・商の四民階級を固め、その外に穢多（主に獣の処分や皮革製品の製造にあたる歴史的に形成された被差別民）、非人（主に罪人）を置く身分制度を整えた。人民を二重、三重の秩序で縛ったのである。

その行政機構は、中央に大老、老中、若年寄、目付、寺社奉行、勘定奉行、(城下)町奉行、評定所などを置き、地方に郡《こおり》奉行と代官を配置する制度を第三代将軍、徳川家光の時期までに、ほぼ整えた。

幕府は「武家諸法度」によって、諸大名の存廃を決定し、それぞれの領地を指定する権限を握っているが、その力は、諸大名が管轄する武士集団(藩)の内部には及ばない。諸藩それぞれに一つの都市(城下町)を中心に、相対的に独立した行政と司法権をもち、まるで小さな幕府のような機構をもつ。その数は、江戸初期で百八十ぐらいだったが、諸大名が藩内をさらに小さい藩に分割したため、幕末には二百七十にまで増加した。

徳川家康は、自身が大名として主君、豊臣家の政権を奪ったため、最初から大名の統制が幕府政権の基本要件であることをよく認識していた。関ヶ原の戦の時から、敵対する勢力を壊滅し、その没収地を友好的な大名に分配して味方につけ、関東・東海・近畿地方をはじめ、諸国の要地に親藩・譜代をおき、また敵対した大名は互いに牽制して連合できないように巧みに配置した。(3) さらに「武家諸法度」により、参勤交代などの制度を設けて大名を束縛し、改易、減封、また婚姻関係を結ばせるなどの手段を駆使して、「外様」と呼ばれる反徳川方の大名を牽制した。その後も、幕府は諸藩に河川の工事などを課して、勢力を奮い、中央に権力を強める策を実施した。それに対して諸大名は領地内に法令を発布して秩序を維持し、生産性をあげることで独自の経済力を高めようとした。そのようにして幕府と諸藩の力が牽制しあい、表面的には平穏に二百年余りつづくことになった。

幕府も諸藩も法令を徹底させるために、識字率を高めることを奨励した。また商業が発達するに従い、農作物などの管理や商取引にも読み書きが必要となるため、庶民のあいだにも読み書きが普及し、国際的に稀なほど識字率が高まった。ただし、教える方も習う方も自主性に任されていたため、出版が盛んになるほど、いわゆる変体仮名など表記法は不統一になった[4]。

江戸時代の政治経済は、幕府の集権と諸藩の分権、統一と分裂をはらんで展開した。幕府は財政赤字に苦しみ、貨幣を増発してさらに財政を悪化させ、諸藩も困窮から脱するために藩政改革を進め、各領地の経済を発展させようと努めた。特に西南雄藩は勢力を蓄え、経済力と軍事力を増強し、黒船来航を引き金にして、討幕と維新の根拠地になった。その際にも天皇の権威をどちらが担ぐかという争いが生じた。

このように徳川幕府と諸藩の利害の対立を孕んだ二重権力関係のもとで、産業と市場経済が発達し、社会変動が引き起こされ、それに対処するために近代的経済倫理思想の萌芽も生じてくる。それゆえ、その研究にも、江戸時代の二重権力構造の特殊性とその変化、それに伴う産業と市場の変化をよく考察しなくてはならない。

2　徳川封建制における土地制度

土地制度は封建社会の基礎である。「封建社会において、土地とは最も基本的な生産資源であり、徳川幕藩政治権力の中心は、土地及びそこで耕して植える人々へのコントロールによって成り立っているからである[5]」といわれる。それゆえ、日本と中国、また西欧などの封建制のちがいは、まず、土地の所有形態のちがいに見られる。西欧の「封建制」(feudalism) は、領主の土地所有を基本とし、その経済単位は荘園であった。中国の「封建制」は、経済単位は小農地主による土地所有が絶対多数を占め、秦代に全国の大統一がなされて以降、中央政権から郡県に派遣された官僚が管理を執行するしくみになった。「分封」は領地の統治権を与える意味で用いられる。それに対し、日本の徳川「封建制」においては、公地公民のタテマエが守られ、将軍家が擁する全国のほぼ四分の一に及ぶ土地もタテマエ上は管理権の掌握であった。大名も土地の所有権をもたず、いわば占有権のみをもっていた。将軍は諸大名の領地を転封・改易する権力をもち、各大名は幕府から「恩賜」された土地を管理し、石高数に応じて兵役と雑役など幕府の事業を担わなければならなかった。兵農分離の実施により、武士は耕地を離れ、管理権のみもっていたのである。徳川「封建」において実質的に土地の使用権をもっているのは農民であり、本百姓は自分が使用権をもつ土地で農事生産に従事し、収穫する権利をもっていた。法令上、それらの諸権利は世襲であった。新田を開発すれば、開発した者が、タテマエ上は、その占有権を、実質的には所有権をもつことになる。

中世の日本では、貴族等の荘園や大名・豪族の支配地、寺社の管理地が様々にあり、税を逃れるため農民が寺社に土地を寄進し、寺社のもとに共同体を営むといったことも行われた。同じ土地に中央貴族・寺社・武士・在地領主などの権利や義務が重層的かつ複雑にからむ状況も生まれ、実に複雑な土地所有関係が生じていた。為政者の安定した租税徴収が困難になり、実際の耕作者にとっても難問になっていた。豊臣秀吉はこの問題に着手し、刀狩とともに検地を行ったが、徳川家康も、天下統一を成し遂げた当初から、単に土地の測量を目的とするだけではなく、税の安定した徴収のために検地を実施した。以後数代にわたって検地が継続実施され、中世的な複雑な土地所有関係が改められ、田畑や屋敷などの土地の価値を、面積に石盛という一定の係数をかけて、米の生産量に換算して「石」という単位で表示するようになった。また米以外の農産物や海産物も米に換算して評価した。これが石高制で、明治時代の地租改正まで続く税制の基本となった。

将軍と大名とは、どちらかが交替する時、恩恵と忠誠の新たな主従関係を改めて結びなおすが、徳川幕府が最高権力者として支配体制を確立するためには、直属の軍事力である旗本、御家人、また各大名に対して、土地の独占権、徴税権を保証しなければならなかった。そのためには、公平な収益計算方法が必要であり、そのために生まれた制度が石高制である。これにより、大名の領地の規模を簡単に把握でき、それに基づいて、大名に課する負担や役職の任免も決まる。また大名の加封・減封・転封の処理も行い易くなり、また領主と農民の支配関係を規定することにもなる。検地を通じて、いかなる土地の所有者も存在せず、田畑を農民の一家族に経営させ、土地の収穫物――米という現物の貢租――を絆とし、将軍、大名、陪臣、家臣というピラミッド式の階級制が構築された。その意味で検地と石高制は、土地の権利関係を一元化し、幕藩体制を維持・存続させる根幹であった。

城下町に暮す武士階級は、土地の領主ではなく、唯一の収入源は主君から賜る禄米であった。大名とその家臣が幕府を通じて取得する唯一の収入は年貢米であり、日常生活の向上をはかるためには、年貢米の一部を市場で販売し、通貨によってほかの物品を購入することになる。この制度は、米の商品化を促進し、大坂、京都、江戸に米市場が急速に形成され、商人抜きには成り立たないものだった。

石高制度によって、米の商品化が拡大すれば、農民が自給自足する自然経済を維持することで成り立つ封建制にとっては、根本的な矛盾が生じることになる。増収をはかるため、多くの土地で稲が植えられ、畿内以外の地域の領国では、一般的に米の供給量が需要を大きく上回り、各領国の市場で年貢米を売り切ることは不可能となり、通貨を獲得するには、残る米を領国外の市場で販売しなければならない。米市場が形成され、米がダブつけば、商品価値が下がる。それは幕府、藩を問わず、支配階級である武士の首を絞めることになる。

3　江戸時代における社会構造

徳川幕府は豊臣政権の治績を引継ぎ、農民反乱を防ぎ、自らの政権を安定・維持するために、中国に学んで、武士、農民、手工業者、商人の順に「士農工商」という四つに分ける身分制度を厳格に実施した。さらにその下に、穢多、非人といった賤民が置かれたことは先に述べた。だが、幕藩二重権力体制では科挙の実施はありえず、士大夫層は形成されることなく、各職分は生まれつきの世襲制で、身分間の移動も居住地の移動も婚姻によるほかは、認められなかった。職分の秩序と富裕とは比例せず、職分ごとに階層がつくられた。

武士階級の中にも将軍を最高位に、大名、旗本、各藩藩士、足軽、小者など二十等級の身分を設けた。大名でさえも家柄、禄高の高低により区別された。武士は身分の上で最上級とされ、過去の在地領主制は完全に捨てられ、幕府および各藩の官吏を担当し、農工商業に従事することは原則として禁止された。農民が商業又は家庭副業に従事することも禁止され、町人の身分を構成するのは工商業者となる。このように厳格な職分等級制度は、戦国乱世の無秩序状態をおさめるための兵農分離の制度から生まれ、徳川幕藩体制の土台となった。

武士には知行地のように土地とのつながりは僅かに残ったが、扶持米をもらっても土地との関係は名ばかりで実がなく、大部分の武士層は城下町に集中的に居住し、藩の経営に参与し、僅かな土地で自家消費のための野菜など栽培することはあっても、農民の年貢によって生活する消費者であった。年貢の主な形は米の実物であり、米は日常の食用以外、残った部分は貨幣に交換し、他の生活用品を購入しなければならなかった。この厖大な消費階層は間違いなく、商品経済の発展のため巨大な市場を作った。

武士が生活を賄うためには、楽市楽座を営む商業者が都市に集まることが必要であり、工業者を加えて膨大な人口が都市に集住し、都市が振興した。東京・大坂・名古屋・仙台・広島など今日の日本の大都市の多くは、城下町が発展したものである。東京（江戸）を例に挙げると、十七世紀後半から十九世紀初めの江戸は世界屈指の大都市であり、その人口は百万人を超えていたことがローマ法王庁への宣教師の報告に残っている（日本国内の残存史料から、ほぼ追認されるという）。その人口は、ヨーロッパや中国のいかなる都市をも凌駕していた。それ以外にも大坂・京都などの大都市が大いに繁栄し、日本は、城壁を持たない都市部と農村部とに大きく二つに分けられていた。

城下町は当然、消費の中心であり、武士以外の住民も、農村もしくは大名が売却する米など農産物を金銭によって購入しなければならなかった。城下町が巨大になり、人口が増えれば増えるほど国内市場は拡大し、商品経済を発展させていくことになる。その一方で、増大する城下町の人口を維持するために農村での食料生産も拡大していかなければならなかった。江戸時代を通じて、この傾向は基本的に変わらなかった。

徳川家康が秀吉の検地政策を継承した「一地一作人」の制度により、農民階層は牢固に農村に束縛され、剰余労働の全てが領主に搾取された。土地の占有権をもつ農民は、年貢義務を負い、検地帳に登録され、「本百姓」と呼ばれた。本百姓は土地の占有量によって上層、中層、下層に分けられ、中層以下は自耕農であり、下層の本百姓が農村人口の最多数を占めていた。上三層の農戸以外の十分の一ぐらいが土地をもたない階層で、水呑、家抱や名子などと呼ばれる小作農や雇農であった。

町人は社会の最下層に位置付けられ、農業生産を厳しく禁止された。この四民分治を根幹とする職分制は、その変更や融合を阻止するため、江戸時代前期においては厳格に守られた。ただし、繰り返すが、「士農工商」は、その名のごとく職業による身分（職分）であり、財産の保有高とは無関係である。「四民」のそれぞれの内部に階層が形成され、農村富裕層や富裕な商工業者よりも貧乏な武士がいて不思議はない。その点で日本の武士層は、中国の士大夫層とも、所有財産の多寡とほぼ一致する西欧の階級制とも全く異なるものだった。このような全国的な社会大分業が、商品経済の発展の条件を形成したのである。

また、藩ごとに武士の範囲が異なり、農村で名字帯刀を許されたり、農業や小さい事業を営んだりする「郷士」などと呼ばれる家も次第に増えていったと推測されている。城下町の町人層との縁戚関係も絡み、今日でも、その実態はなかなか掴みがたいようである。

二、経済の発展とその影響

1　都市の発達と流通手段の整備

織田信長が全国を統一しようとして以降、全国の大名は可能な限り兵農分離を進めてきた。武士（非生産者）が城下町に集中すれば、武士のために生産物（食料・工業品など）を供給する人間も必要になる。同時に、信長が行なった楽市楽座により、独占販売権・非課税権・不入権などの特権を有した中世の商人組合が破壊され、多くの者に商業への参入の機会が与えられた。城下町の人口の増加がさらなる集住を促し、各地に消費市場が拡大した。これが顕著に現れた例が江戸である。幕府が開かれる以前、江戸は関東のどこにでもあるような田舎だったが、やがて世界的な大都市に発展する。

流通手段なしでは何事も進まない。交通手段は大きく分けて陸路と水路があり、水路は川や湖と、海を利用するものに分けられる。これらの交通手段を発達させ、利便性を高めるきっかけとなったのは、徳川幕府が制度として大名に課した参勤交代である。そのために街道・水上交通が整備され、結果として商品経済の発達を促した。

徳川幕府は五街道を中心に全国に街道を通じさせ、また海路および水路の整備を行なった。五街道は徳川家康の命令によって整備が始まった東海道、奥州街道、中山道、甲州街道の四つに、家康歿後、江戸から彼を祀る日光山に至る日光街道（一六三六年開通）を加えた特別な幹線をいう。これらには一里（四キロ）ごとに一里塚を設け、一定間隔で宿場を設けた。そのバイパスとして脇往還と呼ばれる街道も整備された。

水路では、一六〇六年、京都の豪商角倉了以に命じ、富士川を掘削、整備させた。さらに了以は京都・伏見間の水路を整え、さらに京都・大坂を結んだ。これらは京都・大坂の商品流通に欠かせないものとなった。また海路では一六一九年、和泉国堺の商人が紀州の富田浦の廻船を雇って江戸へ回航したのを最初に、多くの日用品が集積地・大坂から江戸に運び込まれた。また寛永期には、上方と江戸を結ぶ廻船問屋も成立した。一六七一年、幕府の命令により河村瑞賢が東廻り航路、翌年には西廻り航路を開き、海運の発展を促した。

このように陸路・水路ともに徳川幕府の初期に整備され、商品が流通するためのインフラとなった。江戸は多数の旗本と大名の家族、家臣、庶民が暮らす一大消費地となり、大坂は各大名が年貢米を運び込む先であったため、「天下の台所」と呼ばれるほど繁栄し、この地につながる水路・陸路も早くから発達した。大坂にいったん集まった米は再び各地へと送られるが、大名は年貢米を大坂で換金し、その金を江戸などで使った。大名相手に信用取引が成立し、世界で最初に公認先物取引所が設置された。このようにして次第に貨幣経済が発達していった。

2　度量衡の統一と貨幣経済の発生

戦国時代、鉱山開発は大名にとって重大な関心事であった。銅であれ、銀であれ、金であれ、鉱山を有することは、それだけで他の大名に比べて有利だったからである。例えば、佐渡金山を所有していた上杉謙信、甲斐金山を所有していた武田信玄、石見銀山を所有していた大内氏などである。とはいえ、すべての大名にその機会が与えられたわけではない。そのことを熟知していた豊臣秀吉は一五八二年、日本最大の生野銀山を直轄領地とした。秀吉は非直轄地の金鉱山、銀鉱山からも運上金を徴収した。徳川幕府もそれに倣い、一六〇〇年に石見銀山、生野銀山、足尾銅山を直轄地とし、やがて江戸時代の代表的な通貨である寛永通宝が鋳造された。また非直轄地にある鉱山に対しては奉行を設置して管理、監督し、巨額の運上金を徴収し、徳川家康の時代には主に軍用金として使用された。これにより、幕府には貨幣の独占的な鋳造が可能になり、元禄年間（一六八八〜一七〇四）には一般に流通するようになる。江戸時代の貨幣制度を三貨制度と呼ぶ。三貨とは、金・銀・銭の三種の貨幣に由来し、これらの相場は幕府が定めたが、実際には変動相場で取引され、そのため両替商という商売が発達し、元禄期に商業が大きく発達する要因になった。

度量衡は、豊臣秀吉の時代に年貢の徴収基準を標準化するため、全国で一律の「京枡」を使用することが定められた。寛永期に入ると、京都・大坂、畿内で普及していた従来のものより三・七％容量が多い「新京枡」が全国的に使用されはじめた。徳川家康による度量衡の統一と統一貨幣の発行は、売買に便利な環境を作り、商品経済を発展させる条件となった。だが、逆に、四代将軍以後、深刻な財政問題を抱えると、貨幣を乱発し、逆に経済危機を惹起することにもなった。

3　商人の成長と武士の没落

徳川幕府は、士農工商の身分制度を固定化することにより、社会の安定と幕府の存続を目指した。農を重んじ、商工を卑賤とする、中国漢代に定着し朱子学が強調した思想によるものである。年貢米を換金するなどの仕事は特定の商人に依頼したため、彼らは年貢米を売買する商売を独占し、金融業者として莫大な財産を蓄積し、経済の実権を握っていった。時代が進むにつれ、大名や武士はその贅沢な生活とインフレのため、すべての年貢米を売却しても生活を維持できなくなり、商人に借金せざるを得なかった。大名や武士の経済状況は悪化の一途を辿り、借金を繰り返す悪循環に陥った。両替商は「十人両替」とよばれる同業組合を結成して独占し、富の集中を図った。その代表格の鴻池が貸付けた大名は、元禄年間（一六八八〜一七〇四）に二十家を超え、一七〇四年には貸付総額は一万四千八百七十五貫[6]に達し、総資産の七三・五％を占めたという[7]。

旗本のために年貢米を売却する商人を札差と呼び、彼らはときとして高利貸も兼ねた。札差が旗本に金を貸したときの利子は表面上大名に貸すときと同じ百分の十二あるいは十五であったが、五％の礼金や手数料を天引きしたので、実際には、それより高いものとなった。高額の利子は、大名や武士の生活を困窮させ、毎年借金を繰り返すうちに債務不履行となることもあった。

江戸中期には、商人が新田開発などに投資する道が開かれ、蓄財を重ねて、経済の実権を掌握した。武士は商人の前に跪くしかなく、徐々に自分たちの経済的自由を喪失していった。

現実に生活が困窮すると、下級武士は内職などの仕事に従事せざるを得なくなった。一方、ある程度以上の地位や家格をもつ武士と商人とのあいだに婚姻関係が結ばれるようになる。武士は商人の息子を養子に迎え、また息子の嫁に商人の娘をもらうこともはじめられた。武士にとっては、婿あるいは嫁の実家からの金銭を期待することができ、商人の側からすると、身分は商人であっても事実上武士の父親という地位を手に入れることができた。江戸中期から後期にかけて、このような婚姻関係は増大し、十九世紀初頭二百五十家の大商人のうち四十八家は武士の家系に連なっていた[8]。江戸後期には、商人のなかに旗本株を買って武士になるものも現れ、四民の身分制度に崩壊の兆しが見えていた。

十八世紀には農村から都市へ出稼ぎに出る者もかなりいたことを、速水融らが、主に日本の中央部の宗門改帖（人別帖とも）から明らかにしている。キリシタン禁令により寺が管理する宗門には、個々人の村や都市の界隈の出入りの記録が残されていることも多い。その調査によれば、出稼ぎに出た都市の商家に認められ、番頭（支店の経営者）になり、そのまま都市居住者となる例もあるという。江戸前期には厳しく禁じられていた職分の移動が徐々に起こっていた。これもまた四民の身分制度が揺らいでいた証といえよう。

勃興しつつあった町人の財貨勢力は武士の経済観念に影響を与えはしたが、しかし、町人の経済自体が幕藩体制に依存するものであり、その社会制度を根本から批判し、政権に反抗を企てることは生じなかった。江戸中期に武士と商人は徳の実践において対等と説く石田梅岩の石門心学なども登場し、かなりの拡がりをもつが、四民制度を前提にしたものだった。

三、経済倫理思想の背景

日本思想史を概観すると、その全体には、神社を中心にした神道、儒学、仏教思想の三教が鼎立しているが、そのなかで文明化に果たした役割は、儒学が輝かしい足跡をもつことに気がつく。日本社会は文明社会に入ったばかりの時期（五世紀前後）にすでに儒学に接触し始める。以降、積極的に中国から学び、古代王権の官僚制を支え、室町時代には朱子学が導入され、革新を推し進めてきた。儒学は千年余りの伝承と蓄積を経て、日本社会に広く浸透し、民族の伝統文化の重要な一部を占めるものになっていた。特に徳川時代には朱子学が官学として確立し、諸藩では陽明学、古学（古文辞学）なども学ばれ、民間の女子教育にも説かれるなど、総体として、その発展が絶頂に達し、日本人の意識と行動に深い影響を及ぼしていた。これは明代以降、朱子学が実質的に国教となった中国とのちがいを生むことになる。

1　儒学の伝承

儒学は早期には朝鮮半島を経由して日本に伝来したことが知られる。ただし、いつのことかは、未詳とせざるをえない。徐福が『詩経』『書経』を日本に伝えたという伝説もあるが、『日本書紀』に確認されるのは、西暦二八四年八月に朝鮮半島の百済国王が中国の経典に精通し、歴史・文化にも通じた阿直岐《あちき》を日本に派遣したという記述である。阿直岐は、ほどなくして皇太子菟道稚郎子《うじのわきいらつこ》の漢学教師となり、彼の強い推薦により応神天皇は百済に使者を派遣し、王仁《わに》を招いた。二八五（応神天皇十六）年二月、王仁は十巻の『論語』と一巻の『千字文』をもって渡日し、菟道稚郎子は王仁に師事して中国の経典を学習し始めたという。

しかし、『日本書紀』は、『古事記』とともに年月について正確とはいえない。『千字文』が完成したのは中国南朝梁の武帝（在位、五〇二〜五四九）のときである。三世紀には『千字文』は未だ存在していなかった。日本のある学者は『日本書紀』の応神十六年の関連事件と朝鮮『三国史記百済記』の記事とを比較し、応神十六年とあるのは、西暦四〇五年の出来事をはるかに遡らせたものと結論づけた。(9)中日両国の学者とも、ほぼこれに同意している。それゆえ王仁の来日は、実際には五世紀ということになろう。

つまり儒学は五世紀には日本に伝来していた。このことは中国で五世紀に書かれた日本についての記述によっても証明される。中国の正史である『宋書』（倭国伝）に収録された倭の武王（雄略天皇に比定される）の上表文は四七八年（宋順帝開明二年）に宋の順帝に献上されたものである。その中に「王道融泰」「帝徳覆載」「以勧忠節」などの言葉が見られ、儒学の影響が確認される。さらに一八七三年、日本の現・九州熊本県玉名郡和水町の江田船山古墳から出土した鉄製の大刀は五世紀のものと推定されているが、その銀象嵌の銘文に「長寿子孫注得其恩」の語句が見られる。これも明らかに儒学の影響を示している。

六世紀、大和王権では百済から定期的に五経（詩、書、易、礼、春秋）を兼修した五経博士を招いて、儒学の学習が始まった。五一三年に五経博士の段楊爾《だんように》が百済から学問を教えるために来日した。三年後、五経博士の漢高安茂《あやのこうあんも》が代わって来日した。その後、五経博士の交代は制度となり、五五四年に百済は陣容を整えて博士たちを派遣した。このときは、それまでの五経博士の他に易博士、歴博士、医博士など特別の博士を増やしている。大和王権は儒家学問を日増しに重視していった。

七世紀になると、日本は直接に中国から儒学を学ぼうとし始めた。このときの日本は、いわば最初の外来文化学習ブームを迎え、隋唐の文化は日本民族への影響を全面的かつ深いものにしてゆく。六〇七年に小野妹子は遣隋使として煬帝《ようだい》への国書を携えて遣わされた。次の遣隋使派遣のときには、中国から学問僧と留学生を連れてきた。日本は都合四回遣隋使を派遣し、日本の僧侶と留学生は長期にわたって中国で生活し、中国の政治・経済・文化を深く理解し、身に付け、帰国時には大量の儒家経典や仏典をもち帰った。

中国の儒学は、まず日本の古代天皇制国家に対して政治理念と国家統治の基本モデルを提供した。聖徳太子が仏教の国教化をはかるとともに、六〇三～六〇四年に「冠位十二階」と「十七条憲法」を制定したのは中国の制度に倣ったものである。その推古朝を滅ぼした孝徳天皇下の「大化の改新」により、本格的に律令制度に向かう動きがみられるようになる。官僚には儒学を身に着けることが要請され、七〇一年に「大宝律令」が制定される。つまり、儒学は、古代中央集権国家建設に必要不可欠のものとされたのである。

奈良時代の王朝は仏教信仰に傾いていったが、平安時代（七九四～一一九二）に入ると、貴族のあいだでは儒学と漢詩文が盛んになった。平安前期に文章博士、明経博士、算博士などの四博士が設置され、そのうち明経道は儒家経典に通じることを意味し、何晏《かあん》の古注『論語集解』を中心に学習されたが、後漢の鄭玄の注釈を読んだ人もいたという。清原家と中原家がその任に当たり、世襲制により貴族社会が崩壊するまで存続した。なお、清和天皇は八六一年に自ら『論語』を講じたが、その際、『論語』を「園珠経」と呼んでいる、『義疏』もかなり多くの人に読まれたらしい[10]。

記録によると、平安初期だけで日本にもち帰られた漢籍は千五百七十九部、一万六千七百九十巻にのぼった。遣唐使は八九四年、菅原道真の建議によって停止されるまで、数え方に諸説あるが十二〜二十回派遣されている。今日では、中国との文物の交流が盛んになり、わざわざ朝廷の事業として行う必要が認められなくなったことにより、停止したとされている。

平安中期以降は貴族のあいだにも仏教が浸透し、次第に庶民に及び、十三世紀、武家が政権を握った鎌倉時代には日本独自の仏教も興る。だが、十四世紀、室町時代には中国とのあいだに禅僧の行き来が盛んになり、「五山」では外典として宋学もよく研究し、まるで当時の儒学を独占したかのようであった。また五山版の『大学章句』を出版し、禅宗とともに朱子学が武家にも学ばれ、新しい機運をつくった。十六世紀になると博士公卿派、薩南学派、海南学派などの学派がつくられ、そのうち薩南学派と海南学派は朱子学の思想、政治、経済、道徳面に集中した。仏教僧侶のあいだにも宋学が浸透し、室町時代末期に至ると、関西や土佐などの地域においても次第に主要な地位を占めてゆく。このようにして安土桃山時代（一五七三〜一六〇三）も新儒学の展開は続き、次第に日本の文化体系にとけ込んでいった。科挙がなかったため、朱子学からの逸脱や陽明学や古学など朱子学批判の傾向が強くなったのが日本の特徴だった。荻生徂徠もこの流れから出現するといえる[11]。

2　官学としての朱子学

徳川家康は、戦乱の世を鎮め、戦国の下剋上の気風を抑えこみ、秩序を打ち立てるための道徳教化をなす朱子学を幕府の学問として公認することを決めた。藤原惺窩（一五六一〜一六一九）が、五山の禅林で学んだ儒学をもって戦国乱世を治める学問と認め、朱子学を中心にした一代の儒者となり、日本思想史上に不朽の地位を築いたことは、日本儒学が発展していく上で象徴的な出来事であった。惺窩は徳川家康から幕府の儒官として招きを受けたが、それを断り、弟子のひとり、林羅山（一五八三〜一六五七）を幕府に出仕させ、自分は多くの門弟を集め、学説を立て、書物を著し、独立した学派を形成した。陽明学も宋学から出た一派であり、もとは同じと、陽明学を排斥する林羅山をたしなめてもいる。このように江戸時代の儒家には一人一派をなす人が出る。それが新たな展開を用意することになった。

林羅山は終生幕府に奉公し、「武家諸法度」を起草するなど、徳川幕府の正統性と身分制度に思想的根拠を提供し、日本の朱子学を代表する人物となった。天の「理」を君臣、父子などの人倫、すなわち尊卑貴賤の秩序を貫くものと説き、もって統治にあたる官僚層が身に着けるべき精神的支柱とし、「三綱五常」[12]や、臣下として守るべき道義や節度、出処進退などのあり方を説く「大義名分」論を説き、礼や仁よりも忠孝を尊重する。これらはすべて朱子学のもつ要素とはいえ、その第一歩とされる事物の道理を追究する「格物致知」が後景に退き、道徳教化の役割を押し出す傾向がより強い。神道と儒学を一体化する工夫、仏教排斥を強くいうこととともに彼の思想の特徴とされる。神道や仏教は信仰であり、本質的に社会秩序をつくるための理論ではない。それゆえ、林羅山が神道と儒学の共存をはかることができたともいえるだろう。

徳川幕府が全国的に完全な兵農分離を実現し、諸藩の武士は藩の官吏やその下働きとなった。戦国武士のあいだの「恩領」「人情」「契約」だけでは藩主との関係もとうてい維持できない。幕藩体制を整え、新たな規律で武士を律する客観的な理論が必要となり、人間関係に孔子・孟子の「道統」を説く儒家の君臣道徳観に基づき、天理のもとに人性を合一させる「性の理」を唱え、階級の貴賤、家庭本位、中庸の道、格守成規を論じる朱子学が、封建秩序の形成・維持にはうってつけだった。朱子学は、実質的には中国明代から科挙の支柱となっており、中央集権国家を支える官僚の学として実際に力を発揮していた。それゆえ、徳川家康は朱子学を選び、林羅山を登用したのである。羅山もそれに懸命に応えた。そして、日本の幕藩体制の実情に合わせて、「武家諸法度」などを起草し、日本でも朱子学は実際に相当大きな力を発揮した。つまり、徳川幕府の統治は朱子学を必要とし、朱子学の倫理を基礎に、さまざまな社会制度を打ち出していった。それゆえ、江戸時代前期には朱子学が盛んになったのである。

諸藩の藩校にも、儒学を講じる「文学」という課目が置かれてゆく。江戸初期から日本の儒学には陽明学の受容も見られ、中期には古学も盛んになり、それぞれのよいところをとる折衷主義が盛んになったといわれる。このようにして日本の儒学は独自の発展を遂げてゆく。

3　徳川幕府成立期における経済倫理思想

野村兼太郎は、「徳川時代の経済論は屢々初期と同一の議論を後期にも発見する。比較的顕著な変化のなかった当時の社会において、又政治形態に根本的変化がなかった場合において、しかも上述したような性質を有する経済論に甚だしき変化のなかったことは自然である[13]」と述べている。徳川幕府の成立初期から朱子学が官学の地位を占め、そののち、反朱子学の陽明派、古学派の流れが次第に盛んになり、論争なども起こるが、どれも儒学体系を出るものではない。儒学は徳川時代全般にわたって強い勢力をもち、すべての社会思想の根底をなしていた。したがって徳川時代を通じて経済の問題を取り扱う場合にも、儒学が基礎とならざるを得ない。

政治形態においては、野村兼太郎の述べた通り、根本的変化がなかったとしても、しかし、徳川時代の約二百六十年全体を通じて、経済論を概括的に同一視することはできない。社会状態、特に経済情勢の変化は著しかった。個々の経済問題を解決するために、時勢によって具体的な策を講じなければならず、その策は儒学にもはねかえり、体系の内部で変革を促した。その点を見逃すことはできない。

そして、日本思想史、とくに倫理学史では、相良亨の『日本の儒教II』（相良亨著作集第二巻、ぺりかん社、一九九六）以来、江戸時代後期、とくに幕末から維新期にかけて朱子学とならんで陽明学が復活したことが定説になっている。幕府は寛政異学の禁を発し、朱子学を正統に置きなおした。それにもかかわらず、昌平黌儒官の筆頭で多くの弟子をもった佐藤一斎が陽明学をも奉じ、その影響が全国に及んだことが大きな理由である。西欧の哲学を受容する受け皿として、朱王両学が働いたことを力説する文化史家もいる[14]。徳川前期と後期の理論に一致する箇所が多いという現象には、そのような思想動向が働いている可能性もあるだろう。

3・1　朱子学の理論的根拠

朱子学は、小は日常生活の修養法にはじまり、大は世界実体論まで、すべての自然と人間の各方面に関わる大規模な思想体系である。朱熹は宋学の出発点に周濂渓《しゅうれんけい》『太極図説』があると説いた。丸山眞男は、「太極」を宇宙万物の究極的根源とする天人合一思想が宋学の特徴を最も圧縮して示すものであるとし、朱子が「太極」を「天地万物の理」と規定することによって、図説にいまだ纏わっていた発生論的色彩を希釈して一種の合理主義的哲学を樹立したと説いた[15]。朱子学は、何よりまず「太極は天地万物の理なのだ[16]」と説き、「太極＝理」という理念を整え、宇宙の自然の法と人間の道徳が同じ原理で貫かれていることを示した。『太極図説』が存在論から人生論を導出しているのに対し、朱子は太極図説の「太極が動いて陽を生じ、動極まって静となり、静となって陰を生ずる[17]」という最初の宇宙論の項の注釈においても、また、「一陰一陽をこれ道といひ、これを継ぐものは善なり[18]」と述べる。最初から「善」という道徳性を立てていることは明らかである。このようにして朱子は主観的・形而上学的な道徳的合理主義を樹立した。朱子は「仁が天地の心[19]」といい、「理」は何よりもまず「善」「仁」などの道徳倫理の根本とされている。朱子学を官学とした徳川日本においても、道徳が何よりも優位に置かれていた[20]。

そして、朱子は宇宙の理と人間の道徳が同じ原理で貫かれていることを示すために、人間が生まれながらにもっている「本然の性」を「天の理」に宿るものとした。この点において、世間の万人は一切無差別的に平等である。ただし、実際の人間には聖賢暗愚の差がある。これは情欲などの「気質の性」が「本然の性」を蔽って発生するものである。全く無雑・透明な「本然の性」を受けて生きるのが聖人である。したがって、「守静持敬」「格物致知」などの道徳修練によって人欲を滅尽し、本然の性に帰り、天人合一の境地に立つことにより、その身は聖人となるという。『大学』の開巻に、「物格《いた》りて后《のち》知至り、知至りて后意誠に、意誠にして后心正しく、心正しくして后身脩り、身脩りて后家斉ひ、家斉ひて后国治り、国治りて后天下平なり。天子より庶人に至るまで壱に是皆脩身を以て本となす。その本乱れて末治まるものはあらじ」とある。それを朱子は「天理」という形而上学にまで高め、一切の政治的・社会的な価値が個々人の道徳による修身を基礎ないし前提条件にして成り立つように儒学思想を整え直した。「天理」の自然は、人間社会にあっては仁義礼智信であり、社会関係にあっては、その徳目は身分的秩序そのものとなる。かくして、天理自然の名の下に自私用智、すなわち人間個別の後天的作意・能動性は拒否される。これまでしばしば指摘されてきたように、「天理」が所与の自然とされることから、この身分秩序的規範が人にア・プリオリに宿命づけられる。これこそが丸山眞男のいう「道徳的合理主義」であり、江戸幕府の平穏な統治、思想維持のために、必要とされていたものだった。

3・2　江戸前期の儒学思想

徳川日本においては、とくに朱子学の「大義名分」論が現実の身分秩序を基礎づけるものとして運用された。「士農工商」という四民の身分制の序列について、藤原惺窩は『寸鉄録』のなかで、次のように述べている。

人ノモットモ急ナルモノハ、食ナリ。一日モナクテハ、カナハザルナリ。故ニ農業ヲツトメシメ、遊手ノ民ヲイマシムルコト肝要ナリ。次ニハ「貨」トハ、衣類ヲハジメ器財カクベカラズ。食ニナラビテハ、貨ナクテハカナウベカラズ。コノ二ツハ、人ヲヤシナウ具ナリ。(21)

「食」が人間生活にとって根本的にきわめて重要であることから、農業をもっとも重視し、工商より上位に置いた。幕府政権も、農を上位に置くが、農民を保護するわけではない。ただ封建社会の生活は土地の生産の上にあるので、農業を重んじ、土地からの生産物を収奪しているわけである。武士階級の生活は、その貢租として農民から徴収するものによって営まれ得たので、農民を重視するというより、むしろ土地あるいは農業を重視するといった方が正しいだろう。

また、山鹿素行は、町人が利のみに敏で、「しめ売、しめ買」をして暴利を獲得し、「只利を知て義を不知、身を利することをのみ心とす(22)」るゆえ、町人は卑しまれるべきだと主張した。「重義軽利」「賤商」などの意識が極めて強かったということが明白であろう。だが、このことばは、逆に、すでに商人が暴利をむさぼるほどに商業が発達していたことをよく示している。

中江藤樹は『集義和書』の巻八にいう、

まず人間の初めは農である。農の中で秀でた者は誰が取り立てたともなく、万事、物の談合をし、指図を受ければ事が調うので、その人の農事は皆が寄り合って勤め、「惣」(郷村全体の自治組織）の裁判のため選出したのが士の初めである。それが在々所々にあってのち、また秀でた者に「惣」の士が談合し指図を受けて諸侯が出て来た。また諸侯の中で大いに秀でた人物があり、その徳が四方へ聞え、諸侯がみな及ばぬ所はこの人物から道理が出るので、寄り合ってつかいかね（統率者）とし、天子と仰いだものである。(23)

これは朱子学に限らず、儒学の共通基盤である。徳川初期に現実的な問題を取扱う場合においても、当時の儒者たちは武士が統治階級であることを正統化する。陽明学も学んだ中江藤樹も、士は社会上において他の農工商とは異なり、支配的地位にあることを主張する。さらに、身分制を細論して、

> 人間尊卑の位に五だんあり。天子一等、諸候一等、卿太夫一等、士一等、庶人一等すべて五等也。てんしは天下をしろしめす、御門の御くらゐなり。諸侯は国をおさむる、大名のくらゐ。卿太夫はてんし諸侯の下知をうけて、国天下のまつりごとをする位也。士は卿太夫につきそひて、政の諸役をつとむる、さぶらひのくらゐ也。物作を農といひ、しよくにんを工と云、あき人を商と云。この農工商の三はおしなべて、庶人のくらゐなり。(24)

と述べている。ここで興味深いのは、「農工商」が同等に置かれていることである。王陽明が士を尊び、農を卑しむ風潮を批判して『舎王文成公全書』の「節菴方公墓表」に「昔は、四民は職業はちがっても、同じ道についていた」（古者四民異業而同道）と述べたことを日本の実情にあ

わせて言い換えたものかもしれない。

中江藤樹のように「農工商」を対等に置くのは例外だが、むしろ、実情に沿っていたかもしれない。貝原益軒も、

およそ農工商の三民は、君につかへずして禄なし、みづから利養を求るを専とす。されど義理をすてて利養をもとむるは、天道にそむき、人事を妨げて、たとひ一旦の利を得るといへど、必天のとがめ人のにくみ有て、後のわざはひにあふ。おろかなるものは眼前の利をのみはかりて、後のわざはひをしらず。[25]

と述べている。このように日本の儒学思想は、朱子学者でも、人によって少しちがいが出てくることがある。朱子学を科挙の柱にすえた中国・明代より思想の自由度が高かったともいえる。民間には伊藤仁斎（一六二七〜一七〇五）の古義学のように『論語』を最後は自分の力を頼りに解釈するという人も出た。それが、のち、古学派の荻生徂徠が活躍する下地をつくったともいえよう。

しかし、貝原益軒も、朱子学の「天理を存じ、人欲を滅す」というスローガンを外しているわけではない。その「人欲」は、性欲・利欲などである。道徳第一であり、義を何よりも大切にする儒者一般に、利のみを追求する商人は蔑視されて当然という考えは広がっていた。

歴史の進展は止まることなく、社会の変遷も進んでいる。徳川時代において、最初に幕府の危機をもたらしたのは経済問題であり、その主流である儒学もそれに応じて一定の革新が行なわれ

た。社会の変遷は思想の転換をも促進し、新しい思想的な理論をも提供したのである。

▼注

(1)大野瑞男『江戸幕府財政史論』吉川弘文館、一九九六
(2)山口啓二『鎖国と開国』岩波書店、一九九三、八〇ページ
(3)坂本太郎編『日本史』山川出版社、一九五八、三〇三ページ
(4)鈴木貞美『日本語の「常識」を問う』平凡社、二〇一一、第三章を参照。
(5)C・Totman著、王毅訳『日本史』上海人民出版社、二〇〇八、二二二ページ「在封建社会,土地是最基本的生产资料,徳川幕藩政治权力的中心,是对土地以及它上面的耕种者们的控制。」(訳文は筆者による)
(6)一七〇〇年、金一両=銀六十匁=銭四貫文(四〇〇〇文)=十万円、一貫=二五〇〇〇円。つまり、一万四千八百七十五貫=三千七百十八.七五両、三億七千百八十七万五千円である。
(7)歴史学研究会編『明治維新と地主制』岩波書店、一九五六、二一〇～二二二ページ
(8)同所
(9)洋見丸山二郎『日本書記研究』吉川弘文館、一九五五、第二篇の第二章一〇〇～二六五ページ)を参照。
(10)王家驊『儒学与日本文化』浙江人民出版社、一九九六、第三章を参照。
(11)鈴木貞美『日本人の生死観―いつから日本を愛していたか』前掲書、第九章を参照。
(12)君臣・父子・夫婦の三つの関係の間の道徳と、仁・義・礼・智・信の五つの道義である。
(13)野村兼太郎『概観日本経済思想史』慶応出版社、一九三九、六八ページ
(14)鈴木貞美『生命観の探究――重層する危機のなかで』作品社、二〇〇七、第五章を参照。

(15) 丸山眞男『日本政治思想史研究』東京大学出版会、一九八三、第一章を参照。
(16) 岡田武彦他編『朱子学大系第六巻・朱子語類』明徳出版社、一九八一、一七ページ
(17) 同前一八ページ
(18) 同前一八ページ
(19) 同前二二ページ
(20) 丸山眞男『日本政治思想史研究』前掲書、第一章を参照。
(21) 石田一良・金谷治校注『日本思想大系二十八・藤原惺窩・林羅山』岩波書店、一九七五、一一～一二ページ
(22) 山鹿素行著、素行会編『山鹿語類（巻三）』国書刊行会、一九一一、一四五ページ
(23) 伊東多三郎責任編集『日本の名著十一・中江藤樹・熊沢蕃山』中央公論社、一九七六、二四三ページ
(24) 加藤盛一校注『翁問答』岩波書店、二〇〇二、五五～五六ページ
(25) 益軒會編『益軒全集・巻之三』益軒全集刊行部、一九一一、二九ページ

第三章　近代的経済倫理思想の萌芽——荻生徂徠を中心に

江戸時代も十七世紀の半ばになると、武治が完全に文治に移行したことが、「天下太平」として迎えられ、経済の発展によってかつてない豊かさをもたらしていた。五代将軍、綱吉の時代には、経済はさらに発達し、都市の武士も町人も豊かさに慣れ親しみ、商品に対する欲望が増大する一方になった。だが、その繁栄の裏では幕藩体制固有の矛盾が深刻化し、遂に幕藩財政の困窮と武士の窮乏という社会問題が頻発するようになった。元禄とそれに次ぐ享保年間は、徳川幕藩体制が最初の危機に直面したとされる、日本の歴史上、重要な転換期であった。そのような時期に、荻生徂徠という人物が出現した。日本の歴史上、見逃せない重要な存在である。

今日の学界において、徂徠の思想をめぐる研究成果は夥しいが、それらは彼の政治思想が明治前期の政治思想の近代化におよぼした影響を重視している。徂徠が朱子学の批判と儒学の改革を訴えたからである。近代経済倫理思想の形成を考察する場合でも、荻生徂徠という思想家の出現をおおよその区切りとして、それ以後明治時代に連続する流れが始まったと解釈することができる。だが、それは、時代の趨勢を洞察し、経済の発展によって封建社会に危機がもたらされていることを察知し、先王の道を唱える政治論を優位に置いて、封建政権を擁護しつつ、あくまで社会問題を解決するために、であった。封建的な経済の本質と近代的な経済の本質とのちがいは、すでに徂徠という先覚者によって明示されていたといってよい。

ところが、今までの徂徠の経済倫理思想に関する研究では、彼の「旅宿境界」の論に市場拡大を防止しようとする考えを見、また彼の「本ヲ重ンジ末ヲ抑ユルト云コト、是古聖人ノ法也。本トハ農也。末トハ工商也」(1)という言葉から、彼の経済思想が保守的で封建的であると断定してきた。しかし、よく考察を加えるなら、彼の天命と徳、公私観、及び儒学の義利観にとらわれない姿勢は、朱子学の土台を覆し、近代経済倫理思想の土台を築いたことがわかる。また徂徠には当時の経済発展の趨勢を阻止し得ないものとして歩み寄る姿勢、現実との妥協が見られる。経済問題の現実を踏まえ、その解決策を提示することが、儒家の経済倫理思想を革新しようとする姿勢を生んだのである。具体的には彼の経済政策には商を重んじる要素が見られる。日本における近代的経済倫理思想の形成を研究する本書では、まず荻生徂徠によって変革された儒学とその経済倫理の側面を考察したい。

一、荻生徂徠の人と作品

江戸時代中期の儒者、荻生徂徠は、名は双松《なべまつ》、字《あざな》は茂卿《しげのり》である。江戸の出身で通称は総右衛門、徂徠又は蘐園《けんえん》と号した。徂徠は、中国明代に起こった古文辞派の影響のもとに、とくに伊藤仁斎の古典解釈を批判し、独自の思想へ発展させた。その門下は蘐園学派と呼ばれ、一世を風靡する勢いをもった。彼の思想の変遷は、概ね三つの階段に分けられる(2)。

第一段階は彼の四十歳までの時期である。徂徠は荻生方庵の二男として生を受け、一六七一年に父が五代将軍徳川綱吉の御用医者となったが、延宝七（一六七九）年に綱吉の怒りに触れ、上総国のある寒村に放逐され、一家はその地に寓居した。幼少の頃より、貧しいながらも、聡明好学で志向遠大であったことは、彼の『訳文筌蹄』に窺える。この地で、まずは独学で儒学の基礎や和書、仏典を学んだ後、林鳳岡《はやしほうこう》などに十三年余り学んで、その学問の基礎を作り上げ、生涯を儒学に投じることになった。一六九二年、父の赦免に伴い、二十七歳で江戸に戻り、私塾を開設するが、初めは貧しく、食事にも不自由をきたし近所の豆腐屋に助けられたという逸話がある。(3)

儒学の古典を精確に読むためには、これまでの日本流の読み下し方では駄目だと考え、一六七一年には『訳文筌蹄』を上梓する。儒学の古典の精神に直に接することを主張し、その一手段として清朝口語に慣れることをあげ、中国語の順にしたがって民衆の用いる平易なことばで読み下す、独自の方法を考案している。ここに中国・明代の古文辞派の影響を受けつつ、なお、独自の研鑽の成果が活かされている。(4)一六九六年、三十一歳で、幕府の重臣・柳沢吉保に抜擢され、綱吉の侍講にもなり、政治上の諮問に応えるようにもなったが、まずは、幕府公認の朱子学を尊重する姿勢をとり、義理を崇め、中国の宋代文学を論じた。

第二段階は、四十歳から五十歳までの時期である。詩文の創作に於いて、十六世紀に中国で一世を風靡していた「古文辞」運動の代表人物、李攀龍（一五一四〜一五七〇）、王世貞（一五二六〜一五九〇）の古学復興の思想に共鳴し、伝播に努め、その名を高めた。彼らは古典に帰ることを唱え、朱子学に対立する立場を取った。徂徠は詩文においてその影響を受けたばかりでなく、一七〇六年に上梓した『読荀子』から、独自の古文辞学を展開した。一七〇九年、『蘐園随筆』

を著し、仁斎の古義学を批判する態度を強めた。それによって、徂徠の影響力は全国に及ぶことになる。だが、同年、綱吉の死去に伴い、柳沢吉保が失脚した。徂徠、四十四歳の時である。彼は、日本橋、茅場町に私塾・蘐園塾を開き、詩文製作、漢文講習、雅楽研究などの学術活動に専念する。その時期の著作は『孫子国字解』『呉子国字解』『素書国字解』などで、兵書と漢文の研究書類が多い。

第三段階は五十歳から逝去までの時期である。一七一六年に将軍となった徳川吉宗が享保の改革に着手し、その信任を得て、非公式の相談役になり、厚遇を受け、以前にも増して著述に邁進した。一七一七年、古文辞学を経典に及ぼした『弁道』、『弁名』のよく知られる二著を著した。一七二一年前後の『政談』『太平策』などが、将軍吉宗及び幕僚の座右の書となり、当時の日本政治、経済政策にまで影響を与えた。同時期、その半生をかけた巨著『論語徴』を完成し、多くの門弟を育て一七二八年に六十三歳で歿した。

上記の著作では、徂徠が完全に朱子学派や仁斎の古義学をも脱し、先王の経世済民の「道」の旗を揚げ、「六経」[5]を根拠に、堯と舜に夏・殷《いん》・周を加えた唐虞三代に復帰し、本来の「聖人の道」を探求することを主張している。徂徠独自の古文辞学の大成期であり、日本思想史の流れの中で、政治と宗教道徳の分離を推し進め、経世思想が本格的に誕生した画期とされる。つまり徂徠は、初期は朱子学を崇拝していたが、次第に疑いを示し、最終的には批判の旗を揚げるに至った。その過程は、江戸時代の政治、経済及び思想文化の変遷と密接に関係していた。それを次に見ていこう。

二、歴史的背景

十八世紀への転換期、幕藩体制は安定し、元禄文化が爛熟して隆盛を誇った。五代将軍綱吉は「武家諸法度」の巻頭を「文武忠孝を励し、可正礼儀之事」と改め、武断主義から文治主義にはっきり切り替えた。一六九〇年に、江戸の湯島に孔子廟を建て、自ら書いた「大成殿」という額を揚げ、翌年には、幕府学問所の林信篤《はやしのぶあつ》を命じて従五位下大学頭を授け、大名、旗本、儒者を集めて自ら経書の解説をした。(6) さらに儒者のあいだに討論を促し、文教の隆盛を推し進めた。これらは文化全般を繁栄に導き、儒学のみならず、さまざまな学問が盛んになり、町人文化にも創造的な発展が見られるようになる。

その文化の繁栄は、京都、大坂や江戸など商人の経済力が増し、商品経済が盛んになった大都市に集中的に反映された。次第に経済力を増し、社会的地位も向上した町人階級には日常生活上においても、必要以上の贅沢を楽しむ、かつてない風俗が広まった。武士もこれに影響を受け、香油を髪にたらし、刀剣の鐔には精巧な金銀象嵌を飾り、さらには芸者や遊女などがいる遊里、花柳の巷などで贅沢や浪費に走るようになった。(7) 平和な時代になるにつれて、戦国時代に養われた武士の命がけの功名心などの気風が薄れていったことは、それを嘆く書物、たとえば戦国武士道の精神をうたう、九州・鍋島藩で出された『葉隠』(一七一六)などによく示されている。その『葉隠』も、藩内で危険な書物と見なされ、明治期、日清戦争の前後まで長く一般には禁書扱いされていた。(8) このことにも、平和な時代に諸藩の官吏を務める武士層の気風が、よく示されているだろう。

元禄時代には上下ともに風俗が華麗となり、質素を蔑み、豪奢をよろこぶ傾向を伴いがちであった。幕府は倹約を厳命したが、綱吉が造営事業や種々の儀式典例の公卿化を好み、また将軍家の子女や正室、御殿女中（奥女中）たちの「大奥」での生活が華美に流れたことなどが幕府の財政を圧迫した。

徳川幕藩体制は、農民から最大限の収奪を可能にする農業の再生産が維持されることと、商品経済が進展し広域経済圏が成り立つというふたつの条件によって可能になるものだった。元禄太平の世は、そのふたつのあいだの齟齬を明らかにしたともいえる。武士の生活維持は債権を中心にするものになり、武士の特権によって成り立つ体制の根幹が揺らぎはじめたのである。

町人に蔓延する贅沢と浪費の風潮と武士の困窮を改善するために、幕府は絶えず倹約令と金銀貨幣鋳造令を発布した。一六九五年、幕府は財政の窮乏並びに金融の閉塞を救うための一手段として、貨幣の改鋳を行った。品質の悪い貨幣を鋳造し、貨幣価値を下げる手段は、社会経済を救済することにはならず、一度、悪貨鋳造によって利益を得た幕府はさらに、悪貨の鋳造によって財政の破綻を免れようとした。

これにより、それ以前の金銀銭三貨の流通は均衡を失い、物価高騰と商業高利貸の増加により、武士および農民各階層間の格差が拡大、細分化し、下層武士と農民の生活は日増しに逼迫していった。「窮すれば変ず」と言われたように、元禄以降、最低の生活線に陥った農民と都市貧民は不満を募らせ、一揆や暴動が頻繁に起こった。十八世紀に入ると甚だしい弊害が生じてくる。享保年間（一七一六〜一七三六）を通じて、金銭相場が激しく変動し、物価の高騰がさらに甚だしくなり、金銭に関する訴訟が頻発した。米価の低落した年でも、物価が昂騰する傾向さえあった。

このように社会全体が大きく揺れ動く時期に、荻生徂徠という人物が登場した。彼は鋭い目と深い洞察力をもち、治国平天下の理想が揺れ動く時代の危機をよく認識し、政治的な思惟を中心にしながらも社会の現実の助けになるように力を尽くしてゆく。徂徠は幕府の権力を強固にするために、道徳論より政治論を優位に置いた。ここに近代的な思想要素が現れているということもできるだろう。しかし、荻生徂徠の思想の全体は徳川幕藩体制の維持のためのものであり、その意味では保守的である。その理論の根底と、現状を批判し提示した解決策との間にはかなりの隔たりがある。近代的経済倫理思想の形成にとって重要なことは、彼が儒学の革新を促し、近代的な要素を育成したということである。

三、荻生徂徠の主な思想

徳川幕府が公認した朱子学は、徳川時代の前期には社会全般に強い勢いを揮った。徂徠も中年(四十歳ごろ)に至るまでは朱子学を奉じる姿勢を示しているが、朱子学の社会への不適応性を感じていた。

丸山眞男によれば、自然界における天地陰陽の二元的対立を、そのまま人間界における上下尊卑の秩序を支える形而上学的原理とする朱子学は、徳川初期に幕藩体制を安定化するよう機能したが、安定した社会を基礎にしてはじめて維持されるものである(9)。けだし徳川幕府は永久の平穏帝国ではなかった。歴史の進展は、いつまでも停滞を許さない。元禄から享保にかけて、徳川幕藩体制は衰退期に移りつつあった。したがって、古学派という学派が生まれ、復古的な立場で朱子学を否定し、朱子学の天と人が理を媒介にして一つながりであるという天人合一を解体し、近代的な自然科学の発展に道を開いた。しかし、朱子学でも、古学派でも、儒学の体系に属し、ともに思想の根源が儒学であることに変わりはない。古学は朱子学への批判によって、儒学の内部に新たな要素を生み、儒学の内面的な革新をもたらした。古学派は、山鹿素行の聖学により形を成し、伊藤仁斎の古義学を経て、最後に荻生徂徠の古文辞学によって集大成され、徂徠の古文辞学という方法論は、近代的経済倫理思想の形成に大きな影響を与えた。

1　古文辞学の方法論

中年期の徂徠は中国明代の古文辞派の李攀竜・王世貞の思想と出会い、影響を受け、思想に大きな転換があった。徂徠は朱子学が形式を重んじる訓詁学であると指摘し、仁義道徳の学説が流行しているにもかかわらず、実際は有名無実であり、形骸化した言葉に成り果てていると批判した。また、中国明代古文辞派の詩文製作の方法を日本に導入して、「六経」などの経典解釈に応用した。これにより徂徠学派が成立した。徂徠は、昔も今も、中国でも日本でも、人間生活に関する共通する基本事実があると考えた。また歴史は古語で記録してあるため、歴史の真実に近づくために、古代の言語環境を再現することが必要であると主張した。徂徠によると、言語は歴史の進展によって絶えず変遷する。今の言葉で古典を解読すれば、その精髄を次第に失ってしまう。宋儒の注釈では、原著の全ての意思を伝えることは不可能であり、誤解を招いたところもある。

日本語の訓読みは宋儒の注釈を再翻訳したものであるので、いっそう歪曲された理解になってしまう恐れがあると述べている。したがって、徂徠は、言語を対象にした分析的アプローチには限界があり、それを自覚し、言語を研究対象としてその認識を突き詰めるよりも、古文辞の世界に没入し、模倣と習熟によって習得し、その限界を突破することを強調する。徂徠は、

古を眎《み》て辞を修む。之を習ひ之を習ひ、久しうして之と化して、辞気神志、皆な肖《に》たり。(10)

と説く。古人の意格声律の特徴に着目し、規範テキストの擬古を通じ、模擬訓練で自己を滅却して対象と一体に融合しようと提唱した。彼は現地の人が理屈をよく知らなくても母語を自在に使いこなせるように、古語の意味が分からなくても、清朝口語の模倣と習得によって接近できるとした。このことは徂徠の古文辞学の根幹であるように思われる。

今日の先行研究においては、徂徠の古文辞学が新たな学風を開いて、日本に実証的な研究方法を形成したといわれている。徂徠が提唱した古文辞学は、論理的・科学的な方法論とはいえないが、よく考察をすると、見逃すことのできないメリットがある。徂徠が依拠した中国の明代古文辞派は、規範となる古典より語句を抜粋して自分の詩文を作る。その方法の特徴は、断章取義によって古文辞の語句を寄せ集め、つなぐことである。(11) 徂徠は、その特徴を、「助字」が少なく「簡短」であるが故に「含蓄」があると捉える。(12) つまり、「助字」が少なく「簡短」な「六経」には、所々に確かな根拠によって分析し難いものがあるが、徂徠はこの分かり難さを「含蓄」という概念で捉え直したのである。それこそ、引用し、切ってはぎ合わせるという明代古文辞派の方法が

有効に利用される条件であった。「古文辞学は、『簡短』であるから切り取りやすく(断章)、『含蓄』があるから多様な意味に利用できるのである(取義)。徂徠は、『簡短』な古文辞の『含蓄』に対して『思慮』を働かせ、断章取義的な言語操作を自在に施すことを目指した[13]」のである。

儒学体系における革新と再建を目指した徂徠は、古文辞派の「断章取義」を経典の解釈に導入し、上古先王が残した言葉に存在している多様な「含蓄」に「都合」に応じて「思慮」を働かせる断章取義を施した。これにより儒学を変容させる経路を開いたことは明白であろう。徂徠の「思慮」は、むしろ都合の良いように解釈するという性格が強く、それによって徂徠が日本的功利主義の開祖といわれることがある[14]。徂徠は古文辞学から広げ、進んで朱子学を批判し、近代的な思想の要素を養成していった。徂徠の学風を踏襲した学者たちはもちろん、徂徠学派の影響を受けた渋沢栄一もその方法を援用し、実証的に、また社会の現状に対応させて、『論語』を再解釈することによって近代の経済道徳を確立した。要するに、徂徠によって提唱された古文辞学の方法論は、時勢に適応しない思想を改革し、現実に則した応用に道を開いたのである。思想の発生源の、その意味で最も原始的な資料を改めて解釈することは、いわば民族精神に強く影響をもった思想に依拠し、それを当今の発展に順ずる思想と観念につくり直して提唱することになる。

2　「道」と「経世済民」

徂徠は古文辞派の尚古思想に従い、上古の社会に礼法・制度の完璧な理想を求め、先王・聖人の政治は必ず「辞」として「六経」に潜められていると考えた。古文辞学の方法論をもって、「辞」

のうちに上古先王の「道」を探求し、それを治国平天下の大事に運用していったのである。徂徠は、彼の『弁道』の劈頭で、

　道は知り難く、また言ひ難し。その大なるがための故なり。後世の儒者は、おのおの見る所を道とす。みな一端なり。それ道は、先王の道なり。思《し》・孟《まう》よりしてのち、降りて儒家者流となり、すなはち始めて百家と衡を争ふ。みづから小にすと謂ふべきのみ。[15]

と述べている。徂徠は「道」の広汎なこと、遥かに人知を超えていることを指摘するとともに、人知の限界に無自覚な者たちが、各自の認知能力によって知りえた「一端」に過ぎないものを「道」と呼んでいることを批判した。また、朱子学が遵奉していた孟子・子思などの後世の儒者の思想は、百家思想・仏教思想などと対抗するために生じた論争的な性質をもつ故に相対的な価値しかないと論じたのである。

　徂徠は思想の中核を先王・聖人の「道」に置き、その主な目的を「経世済民」とするところから出発した。その「道」の真髄は、朱子学の唱えた「理」と「性」のような内在性と超越性を有する抽象的な概念ではなく、上古先王たちによって製作されて実現した礼楽刑政・文物制度などの総称、すなわち「統名」にあるという。徂徠は、

　道なる者は統名なり。礼楽刑政凡《およ》そ先王の建つる所の者を挙げて、合せてこれに命《なづ》くるなり。礼楽刑政を離れて別にいはゆる道なる者あるに非ざるなり。[16]

と説いた。「道」が普遍性・総括性をもつこと、その根本的な目的が「治国平天下」すなわち「経世済民」にあることを繰り返して強調した。また、「先王の道は、先王の造る所なり。天地自然の道に非ざるなり(17)」と述べ、「道」が、中国の歴史上における先王・聖人によって作られた人為的な社会制度であることを強調し、「道」と天地自然の連絡を切断し、専ら、人間の「道」、実際の社会活動において、数十代を経て形成された具体的・客観的な歴史産物であるということを主張したのである。また彼は、

> 伏羲《ふくき》・神農・黄帝もまた聖人なり。その作為する所は、なほかつ利用厚生の道に止る。顓《せん》頊《ぎょく》・帝嚳《ていこく》を歴《へ》て、堯《げう》・舜《しゅん》に至り、しかるのち礼楽始めて立つ。夏《か》・殷《いん》・周《しう》よりしてのち粲然として始めて備る。これ数千年を更《へ》、数聖人の心力知巧を更て成る者にして、また一聖人一生の力の能く弁ずる所の者に非ず。故に孔子といへどもまた学んでしかるのち知る。しかるに天地自然にこれありと謂ひて可ならんや(18)。

と述べている。先王の「道」は、まず伏羲、神農、黄帝によって「利用厚生之道」が作られ、顓頊、帝嚳を経て堯・舜に至るまで系統的に「礼楽の道」が形成され、孔子によって継承されたとする。孔子は一生をかけて「六経」を修訂し、それによって先王の道が後世に広く伝えられた。孔子のいう「徳」は、先王の「徳」と同じであることを自ら認めていた。よって、先王の道は「六経」にあり、古文辞学の方法をもって「六経」を掘り下げて研究することによって、先王の道を

理解し、それを当代の社会に運用して、一切の社会問題を明快に解決できると主張した。

朱子学は「天人合一」を唱え、いわゆる道徳規範、天理と人性を結びつけ、それによって幕藩封建社会の普遍的な真理としたが、徂徠は社会秩序の起源を聖人の「作為」に求め、聖人は朱子学のいうような道徳的な象徴ではなく、絶対的な権威、道徳規範・礼楽制度の祖であり、各時代の君主は制度の損益権を握るもので、社会の実態に応じて制度を調整することができるとした。その「作為」の思想が、人の道徳規範と自然法則を分離し、人性を朱子学的な道徳的束縛から解放し、朱子学の連続的思惟様式を解体したと評価されるのは、それゆえであるが、実はこれによって、当時、社会的に下位に位置づけられていた工商業が、新たな時局において改めて定義される可能性を明示していたことになる。

これに対し、徂徠を日本思想史における近代意識の出発点に位置づけた丸山眞男は、『日本政治思想史研究』において制度観という側面から考察した。かれによると、社会の秩序は人間の道徳的本性に基づいて「自然」に形成されてきたものとみる朱子学の立場が、西欧中世の自然法思想に近似した性格を具えていたのに対し、社会秩序の起源を聖人の「作為」に求める徂徠の立場は、その聖人の働きを、人間が主体的に社会秩序を作為し変革することができるという考え方を導入した点において、社会契約説などに代表される近代的な制度観への道を開いたものとして、やはり画期的であったと評価できると論じた[19]。

本書の考察では、徂徠の「道」論は、前述したように幕藩体制を強固にすることで社会の経済問題を解決しようとしたのが本意であると思われる。このように「道」の根本的な目的は治国平天下という「経世済民」であると論じ、何よりも実学、学問の実用性、「道」の現世における作用を強調したのは、当時の徳川時代において、経済の発展の中で幕府が財政窮乏に陥り、武士階級が困窮していたためである。主観的には「道」論によって政治中心を論じながらも、客観的には直面する経済問題の解決のために「経世済民」を説いたことになろう。また、道は「作為」であり、上古聖人の制作したものであり、各時期の統治者が社会の実情によって運用し、調整できると論じ、古文辞学によって先王の道に「含蓄」されることを当代に「都合の良い」ように理解することで、政治優位から経済優位という変遷を辿ったととらえることも可能であろう。歴史の事実を見れば、それは明らかである。実用性を重んじる実学的な「経世済民」の思想は、徂徠の孫弟子である海保青陵によって、完全に近代的な商業、経済の問題として論じられることになる。周知のように、「経世済民」の略語である「経済」という言葉は、そのような思想の変遷によって、近代的な「Economy」と対応するものとなった。つまり、徂徠の「道」論において「経世済民」がはじめて最高の目的とされ、また「道」の現世に対する実用性が強調されたのである。

当時の社会は、経済の発展に歯止めがかけられないような趨勢にあり、徂徠の「作為」の考えを契機にして、政治的な「経世済民」が近代的な「Economy」としての「経済」に転換する思想的な基礎が整えられたことは明らかである。それは儒学における経済倫理思想に変革を促し、実際、徂徠の門人である太宰春台などが商業を重んじる経世論を称え、そして孫弟子の海保青陵が「経世済民」の最終的な目的を商業・経済の発展に置くことになる。次に、荻生徂徠の経済倫理思想について、より詳しく見てゆくことにしたい。

3　天命観について

徳川幕府成立時、天地万物は「理」を根源として、宇宙の究極的根源をなしている太極を、「太極は天地万物の理なのだ[20]」と規定する朱子学の一種の合理主義を統治のための思想的バックボーンとした。天命は「理」を根本にし、「理を窮め性を尽くす」ことが理想とされていた。朱子学は、いわば天にも太極にも理にも、道徳を重んじる擬人的な性格を賦与し、「理」をもって天人合一をいう体系である。それとは異なり、徂徠は「天」と「人」の間に超越できないはっきりした境界があるとし、これによって「天」と「人」の連続性を断ち切り、「天」が人類の知的な対象ではなくて、敬の対象であると主張した。

それ天なる者は、知るべからざる者なり。かつ聖人は天を畏る。故にただ「命を知る」と曰ひ、「我を知る者はそれ天か」と曰ひて、いまだかつて天を知ることを言はざるは、敬の至りなり[21]。

と述べる。人が知ることのできるのは「天命」であり、「天」そのものではない、というのが徂徠の基本的な主張である。

それ聖人の聡明睿智の徳は、これを天に受く。あに学んで至るべけんや。……後儒はすなはち二子の言ふ所以の意を察せず、妄意に聖人となることを求む。ここにおいてか詳かに聖人の徳を論じて以て学者の標準となさんと欲し、つひに「聖人の心は渾然たる天理」、「陰陽、徳を合す」、「不偏不倚」の説あり。これその、心を操《と》るの鋭き、聖智を以て自ら処《を》りて、喜びてその測るべからざる者を測りて、学ぶべからざる者を以てこれを人人に強ふ。(22)

と述べている。ここでは「聖人」とは道徳的に完成した者をいうのではなく、「道」を作った者、すなわち「先王」が「天」から「聡明睿智の徳」を受けたことによるものだと考えていることが確認できる。宋学が、万人の「性」に具わる「天理」を説くことで、「聖人となること」を求め、「学者の標準」と見做したのは、徂徠によれば、まったくの「妄意」に過ぎないのである。こうした徂徠の主張は、天から与えられた「性」は聖人と同質の「理」を備えたものではなく、人それぞれ異なるものであるという考えから来るものである。人々に求められているのは、宋学の説くように道徳的な修養によって「聖人」になることではなく、人それぞれに天から与えられた「性」の質を生かして、人々の役に立つような働きをすることなのである。

丸山眞男によると、徂徠は「天命」観をもって「道」を上古先王のつくったものであると規定し、このようにして朱子学の道徳的な合理主義を、神秘的・不可知論を有する非合理主義としたのである。つまり、朱子学の合理主義とは、天の理法が自然界と人間社会とのすべてを支配しているとみる「道学的合理主義」である。したがって主観的・形而上学的な説明によって万事を割り切ってしまう傾向が強いが、これは客観的・自然科学的な法則性を追求する近代的合理主義とは異質なものであった。西欧思想史に当てはめれば、中世のスコラ哲学に代表される性格の合理主義に相当する。西欧におけるこの中世的な合理主義から近代的合理主義への発展の過程は、直線的に進行したのではなく、いったん前者を否定することで、経験的・実証的認識への道が開かれるという段階を経過しなければならなかった。そして、徂徠が道徳と政治とを分離し、朱子学の合理主義的な世界観を否定し、「天」や「聖人」の不可知性を主張した合理主義の立場を取ることで、政治の世界に固有の論理とでもいうべきものを客観的に認識する方法を確立したと主張した[23]。しかし、よく考察すれば、丸山は西洋の合理主義の展開にあわせて日本の思想を解釈している恐れがあろう。

ただし、徂徠の「天」＝「不可知」論によって、日本思想史における「天命観」が変化したことは疑いないと思う。朱子学においては、「天」が「仁義礼智信」という「五常の性」を人の心に賦与するとし、それを道徳性の根拠とする。それは、徳川幕府の統治に身分制秩序の正当化と政治上の道徳強化という役割を提供していた。平石直昭の言った通り、「近世日本では、『天』が、権力の正統化や社会秩序の被支配層への内面化、さらに道徳的な規律化などの面で、重要な役割をはたした[24]」。徂徠は「天」を「不可知」「不可測」とすることで、「天職」又は「職分」という人間の実際の役割をかえって強く提唱した。徂徠は、

「命を知る」とは、天命を知るなり。天の命ずる所何如なるかを知るを謂ふなり。先王の道は、天に本づき、天命を奉じて以てこれを行ふ。君子の、道を学ぶも、また以て天職を奉ぜんと欲するのみ[25]。

と述べている。徂徠の天命観において、「天」と「人間」を唯一連結するのは「天命」である。そして「天命」によって与えられた「天職」は、「心」のあり方を指すのではなく、「これを行ふ」という実践が必要であると主張した。徂徠の本意は、各人が「職分」に忠実に、「天職」に尽力するように「道」へ参与すべきだというところにあった。近代に入って、日本における「天」の思想的な象徴が希薄化し衰退してきた淵源は徂徠の「天不可知論」に辿ることもできるかもしれないが、最も重要なことは、徂徠による「天命観」の転換は、かえって「天」への畏敬を強くさせ、ウェーバーが近代的経済倫理思想の基礎と説く「天職」の観念、「職業への使命感」に類似のエートスを育てたことだろう。

四、荻生徂徠の経済問題に関する考え

今日、一般に荻生徂徠は、幕府封建制を維持強化するために、朱子学を超克する理論を儒学の内部に生み出したと考えられている。それゆえ彼の政治論をめぐって研究が盛んだが、当時の社会において、最も顕著な現象は経済の発展及びそれによって生じた社会諸問題であった。それゆえ「経世済民」を主要な責務とする徂徠は、社会の実情にきわめて強い関心をもっていた。そこにこそ、徂徠の思想家としての洞察力が示されているように思われる。

1　経済問題に対する先覚者

元禄時代に物質的生活が繁栄し、それを享楽する武士階級、町人階級はもちろん、商品経済と貨幣経済に巻き込まれた農民階級も、徳川幕藩体制の安定と永遠を疑うことはなかった。だが、元禄太平・繁栄の世に生まれた荻生徂徠は、一種の危機感を抱いていたように思われる。彼は、元禄の繁栄・享楽を「唯悲」[26]、悲嘆すべきことと看破していた。彼はその繁栄の背後に、経済の発展が徳川政権を密かに蝕んでいることを察知し、封建社会の基礎が崩壊しつつあることを摑み取っていた。身分秩序の高低とは関係なく、金銭のあるなしによって運営される社会は、崩壊に向かうと予感していたにちがいない。実際に、徳川幕府の財政窮乏は明らかになり、貨幣問題が深刻となり、武士階級も困窮する一方となっていった。

武士の困窮、幕府の財政危機など深刻な社会問題が実際に発生する以前から、経済発展の弊害を予見していた徂徠が、実際に生じた諸問題の解決へ向けて努力したことも明らかである。しかし、徳川時代の官学とされた朱子学は、その主要な任務を支配階級の政権を擁護すること以外には持たなかった。儒者であった徂徠も、まずは従来の朱子学者と同じ立場を守っていた。

2　徂徠の立場と抑商的な主張

徂徠は道論を用いて政治・制度を重んじ、武士階級の支配的地位を強固にすることにより、当面する社会問題を解決しようとしていた。だが、元禄の貨幣改鋳から享保の緊縮政策にいたるまで、徳川政権は、経済問題の解決を図ろうとした結果、かえって不景気をもたらすこととなった。徳川幕府の社会組織及び経済組織に深く根を下ろした矛盾は漸次拡大し、深刻となっていった。特に町人階級の経済力の増加、武士階級の困窮がもっとも重要な問題として、当時の識者の注意を引かざるを得ないところとなった。

2・1　徂徠の立場

徂徠の思想は幕藩体制の維持を図るところに主眼があり、当時の社会問題が制度の乏しさと礼法の喪失に起因することを指摘し、政治優位論を説いた。古代聖人の治を学び、制度と礼法を健全に立て直すことにより、現世の社会問題を解決できることを強調した徂徠の思想は、儒学の根本的な性質を明らかに示している。つまり彼は、武士の窮乏、幕府財政の欠乏及び商人の興隆などのさまざまな時代の社会問題が主に経済の発展に起因していたゆえに、そこから脱するための提言をなしたのである。

商品経済の発展は封建制度の土台である農村の自給自足経済に亀裂を与え、封建体制を揺るがし、最終的には破壊することに向かう。「本ヲ重ンジ末ヲ抑ユルト云コト、是古聖人ノ法也。本トハ農也。末トハ工商也[27]」と述べた徂徠は、それをよく知っていたというべきだろう。

古ノ聖人ノ法ノ大綱ハ、上下万民ヲ皆土ニ在着ケテ、其上ニ礼法ノ制度ヲ立ルコト、是治ノ大綱也。当時ハ此二色欠タル所ヨリ、上下困窮シ、種々ノ悪事モ出ル也[28]。

すなわち、

衣服・家居・器物、或ハ婚礼・喪礼・音信・贈答・伴廻リノ次第迄、人々ノ貴賤・知行ノ高下・役柄ノ品ニ応ジテ、夫々ニ次第有ルヲ制度ト言也[29]。

また、

都鄙ノ疆《さか》ヒ無キトキハ、農民次第ニ商売ニ変ジ行キ、国貧シク成ル者也。農民ノ商売ニ変ズルコトハ、国政ノ上ニハ古ヨリ大ニ嫌フコトニテ、大切ノ事也[30]。

と唱えた。この彼の考えは、さまざまな面において熊沢蕃山の重農抑商の伝統を引き継いだものだが、社会体制を脅かす最も大きな要因である幕府と武士階級の窮乏に対して、自ら独特の観念を打ち出すに至る。その大部分は『政談』に収められている。

2・2 抑商的な主張

『政談』という著書は、徂徠の晩年に吉宗の下問に応じて、改革の意見書として作ったものである。徂徠は、太平久ク続トキハ漸々ニ上下困窮シ、夫ヨリシテ紀綱乱テ終ニ乱ヲ生ズ。和漢古今共ニ治世ヨリ乱世ニ移ルコトハ、皆世ノ困窮ヨリ出ルコト、歴代ノシルシ、鑑ニ掛テ明カ也。故ニ国天下ヲ治ルニハ、先富ミ豊カナル様ニスルコト、是治ノ根本也[31]。

という。当時の社会において、武士は生産活動に従事することなく、日常生活の出費を年貢としての米の売買に頼るしかない。その米の価格が町人に制御され、物価を上げることで、多くの富を得、勢力が段々に強くなっていた。経済問題が社会秩序の乱れを起こした主な原因であり、すべての社会矛盾が困窮から生じることから、社会全体を富裕にすることこそが治国平天下の最も先立つ課題であることをいうために、徂徠は、武士の「旅宿の境界」が原因であると指摘した。

武家ヲ知行所ニ置ザレバ締リノ至極ニ非ズ。夫ノミナラズ、武道ヲ再興シ、世界ノ奢ヲ鎮メ、武家ノ貧窮ヲ救ノ仕形、此外更ニ有ベカラズ。／先第一、武家御城下ニ集リ居ハ旅宿也。諸大名ノ家来モ、其城下ニ居ルヲ江戸ニ対シテ在所トハ雖モ、是又己ガ知行所ニ非レバ旅宿也。其子細ハ、衣食住ヲ始メ箸一本モ買調ネバナラヌ故旅宿也。故ニ武家ヲ御城下ニ差置トキハ、一年ノ知行米ヲ売払テ、夫ニテ物ヲ買調ヘ、一年中ニ遣キル故、精ヲ出シテ上ヘスル奉公ハ皆御城下ノ町人ノ為ニ成也。之ニ依リ御城下ノ町人盛ニナリ、世界次第ニ縮リ、物ノ直段次第ニ高直ニ成テ、武家ノ困窮、当時ニ至テハ最早スベキ様モ無クナリタリ[32]。

端的に要約すると、武士が貨幣経済に依存していることを指摘している。ここには、幕府経済の構造上の問題が絡んでいる。武士が城下に集まれば、その膨大な需要のために、サービス業などを提供する町人たちも集まってくる。人口が増えるにつれ新たな需要を引き起こし、城下は消費都市に発展している。しかし、城下の活気は武士たちにとっては不利益になる。景気の拡大はインフレを招き、物価は上昇する。一方、石高制の下で、「消費」にしか関わらない武士にとって好景気は直接的に増益にはつながらず、物価上昇によって生活は困窮する。さらに町の奢侈という「風俗」によって、武士の経済環境の悪化は一層拍車をかけられている。これでは家臣を養うことができない。また、徂徠は、

所詮ハ皆困窮ヨリ生ズ。国ノ困窮スルハ病人ノ元気尽ルガ如シ。元気尽レバ死スルコト必然ノ理也。元気盛ナレバ、如何様ノ大病ヲ受テモ療治ハナル者故ニ、上医ハ必ズ病人ノ元気ニ意ヲ用ヒ、能国ヲ治ル人ハ古ヨリ国ノ困窮セザル様ニスルコト、治ノ根本也。去バ何事ヲ指置テモ、当時上下困窮ヲ救フ道ヲ穿鑿ズシテ叶ハザルコト也[33]。

と述べている。国を治めることにおいて、もっとも根本的なことは国に富をもたらし、困窮を根絶することであると説いたのである。あくまでも支配階級の利益、その経済基礎を堅固に守るためには、「古の聖人の道」へ回帰することが必要であると、武士土着論を打ち出した。武士は城下町から離れ、農村に帰るべきだ、との主張である。すなわち、「旅宿の境界」を改め、もとの「制度」に「復帰」することを提唱したのである。古文辞学の方法をもって上古聖人の治世方法を儒学の古典である「六経」に見出し、それを模倣して、古来の武士のように農村に住み、直接実物

を収め、年貢を取っていた社会生活を理想とした。
　要するに、武士を貨幣経済や商業資本の支配下から脱却させ、知行所に帰すことによって、農民と武士の封建的関係を復活させることを主張したのである。この提案は、貨幣経済を排し、市場の拡大を可能な限り阻止し、封建制の根拠である自然経済に復帰しようとするものである。徂徠こそ封建支配の擁護者であることを認めなくてはならない。しかし、徂徠は、時勢の現実を見据え、経済の発展に対して、一定の妥協を認めていた点も見逃すことはできない。

3　徂徠の経済問題に関する妥協性

　現実性と実用性を重んじる徂徠は、当時の経済状況に即応し、一定の妥協をすることを考えた。それが彼の著作の細部に、近代的な経済思想と経済倫理思想の萌芽を潜めさせることになる。貨幣経済の発展、市場の拡大を防止しようと主張する徂徠は、却って貨幣の存在を認め、その本質である流通性をよく認識し、その流通に賛成した。ここから徂徠は徳川経済発展の現実との妥協に、重要な一歩を踏み出した。「銭」について、次のように述べている。

　銭ト云文字ハ元ト泉ト云字也。銭ノ用ハ泉ノ地中ヲ流行スル如ク、世界ヲ走リ廻ヲ以テ世界ヲ潤スニ象リテ、泉ト名付タルヲ、後ノ世ニ銭ト字ヲ書改タル也。去バ金銀モ又其如ク世界ヲ旋ルコト金銀ノ徳也。金持トテモ常住金ヲ手ニ握テ居ル者ニ非ズ。大形ハ券計リ也。扨ハ質物ト成テ有リ。実ノ金銀ハ一ツ所ニ所ヲ定ズ、方々所々ヲ旋リ行ク故、百両ノ金ハ十万両ノ金ト成テ、書付ニテ見レバ十万両余アレドモ、金ヲ集テ見レバ僅ニ百両ノ金成ル事、是金銀ノ姿也[34]。

『史記』に「銭本名は泉なり」という定義がある。これは古来より中国で語られていたことである。貨幣の流通は商業の基礎であり、全経済活動の重要な構成部分である。それゆえ、流通は金銀の徳であると規定し、商業も一種の徳であることを認めた。「農を重んじ、商を賤しむ」という賤商の思想を改めて見直す機会がここに発生したといってもいいだろう。

当時の主要な貨幣問題は、元禄、正徳、享保と金貨の改鋳が引き続きなされてきたことによるものだった。元禄金貨二両が正徳金貨一両と交換された。徂徠は、この貨幣問題に対して積極的な提言をした。『政談』において、

諸色ノ直段ノコトハ、上ノ御世話ニテ少ハ下直ニ成タル様ナレドモ、其取捌キ、根本諸色ノ直段年ヲ逐テ段々ニ高直ニ成ル謂レアリ。是ニ立入ザル時ハ、皆当分ノ作略ニテ、何ノ用ニモ立タザル事也。唯今金ノ員数元禄金・乾金ノ時分ノ半分ニナリ、銀ハ四ツ宝ノ時ノ三分一也。去バ諸色ノ直段、元禄金・乾金時分ノ半分ヨリ内ニ下ラザレバ、未ダ本ノ位ニ非ズ。此四五十年以前に比スレバ、多ハ十倍・二十倍也[35]。

という。彼の貨幣問題の根本的原因への考えは、野村兼太郎の述べた通り、実物と貨幣の二分法を採るものでも、「貨幣品位説」的なものでもなく、むしろ「貨幣数量説」に近いといえる[36]。し

かしながら、単純に「数量説」ともいえない。なぜなら、それは前述したように、本来あるべき「制度」の欠如によって、商品経済が拡大したという、より根源的・本質的な問題と結び付けて考えられているからである。

諸色ノ高直ニナル子細ハ、元禄ノ時金銀ニ歩《ぶ》ヲ入テ、金銀ノ位悪クナル故ニ高直ニナルニモ非ズ。亦金銀ノ員数フヘタル故ニ高直ニ成ニモ非ズ。元来旅宿ノ境界ニ、制度無キ故、世界ノ商人盛ニナルヨリ事起テ、様々ノコトヲ取雑《ま》ゼテ、次第々々ニ物ノ直段高クナリタル上ニ、元禄ニ金銀フヘタルヨリ、人々奢リ益盛ニナリ、田舎迄モ商人行渡リ、諸色ヲ用ル人益多クナル故、益高直ニ成タル也[37]。

徂徠はあくまでも「先王の道」による政治・制度を重んじており、その貨幣論は比較的保守であり、独創性には乏しい。だが、ここには、徂徠が貨幣の重要性を認識し、その必要性を肯定していたことが示されている。また、当時の農民は土地を売ることが禁止されており、やむを得ず、譲渡、抵当などの形式で金銭と交換した。徂徠はそのような現象を見て、

田地ヲ売買スル事、東照宮ノ御制禁也ト言。……此法ヲ以テ見ルトキハ、百姓ノ田地ハ面々ニ金ヲ出シテ買タル物ナレバ、是ヲ売事定リタル道理也。夫ヲ売ラセヌト云事、甚キ無理也。無理ナル法ヲ立ントスル故、或ハ譲リタルナド、名ヲ附、或ハ借金ノ手形ヲ拵へ、種々ノ偽リ是ヨリ起ル[38]。

と説き、「偽り」を防ぐために耕作地の自由な売買を支持した。実は、耕作地の自由売買は資本の原始的蓄積、すなわち農民が労働者になって工場に勤めることを可能にする条件である。だが、明治維新の百年余りも前に、徂徠が土地の自由売買という経済改革政策を提案したのは、あくまで経済発展の結果に対応するためであった。さらに、徂徠は税務に関することも論じている。

> 京・江戸・大坂・伏見等、地子銭ヲ出サザル事、古法ニ違フ事也。田舎ノ地ニハ年貢ヲ出サザル地ナシ。都モ古ハ此クノ如シ。百姓ヨリ計リ年貢ヲ取テ、町人ヨリハ取ラヌハ、如何ナル故ニ因テ町人ノ会釈《あひしら》ヒハ箇様ニ結構ナル事ゾヤ[39]。

と述べて、町人にも課税することを提唱した。のち、海保青陵は一切の経済活動に税を課し、負担を分担させるという案を打ち出すことになる。

徂徠の思想は、全体として幕府の財政を守ることに徹し、そのための方策として、貨幣、土地の売買、また課税について、いわば近代的な経済の要素を含むことになったのである。彼の独創的な学術研究方法と、経世済民を重んじ、儒学を革新する姿勢によって、新たな道筋がつけられ、従来の封建的な経済倫理に変容が生じた。朱子学に立つ封建社会を維持するためには、工商を賤しみ、「利」よりもっぱら「義」を立てなくてはならないが、徂徠は朱子学とは異なる「徳」と「人情」などの考えによって世直しに励むことを奨励した。そのことが結果として、儒家経済思想の近代化に重要な影響をもたらすことになった。それについては次節で詳しく論じよう。

五、徂徠による経済倫理思想の革新

徂徠の経済倫理思想は、儒学的・封建的な枠内にとどまるものではあるが、よく考察すれば、彼の思想には経済社会の発展に対して一定の譲歩が生じていたことがわかる。その譲歩の点に着目すれば、儒学における経済倫理の内容が変化していく過程が明らかになると思う。

1　義利観の変遷

経済問題に対し、徂徠は、商品経済の抑制と是認の間に漂っていた。主観的には経済発展に抑制を行おうとしたが、客観的には近代的経済倫理思想の形成の土台を築いたことになる。「義」を重んじ、「利」を卑しむのが儒学の経済倫理の基本であるが、これが、徂徠の治世への考えによって大きく変化したからである。徂徠は、儒学の義利観に変化をもたらし、近代的な経済活動への心理的起動力の原形を形成した。

1・1　「利」について

儒学の経済倫理の基本は、利を卑しむという考えである。「存天理、滅人欲」というスローガンによって、利己の欲望、すなわち「人欲」を滅すべきとする。徂徠は商を末であると主張しつつも、しかし、現実を認め、人欲を容認し、利欲という人が本来もっている「性」を改めて認識した。

まず、「人性」は、朱子学の理気二元論による宇宙論と存在論の核心をなすものである。世間の凡人は、「本然の性」と「気質の性」の両方をもっているとし、「本然の性」は「天理」であり、絶対の善である。現実の「人情」「人欲」などは、「気質の性」より生まれ、抑制しなければならない絶対の悪とする。すなわち朱子は、

天のこの人を生ずるや之に与ふるに仁義礼智の理を以てせざるなし。但しこの物を生ぜんと欲すれば必ず須らく気ありて、然る後此物以て聚りて質をなすあるべし。而して気の物たる清濁昏明の同じからざるあり。其清明の気をうけて物欲の累なければ聖となる。其清明を稟けて未だ純全ならざれば、微しく物欲の累あるを免れざるも能く克ちて之を去れば賢となる。其昏濁の気を稟け、又物欲の蔽ふ所となりて去る能はざれば、愚と為り不肖となる。是れ皆気稟物欲の為す所にして、性の善は未だ嘗て同じからずんばあらざるなり[40]。


という。人間の差別のこころは「気」がもっている精粗清濁の性質によって生じるという理論である。「天」が人間に付与した「理」による「本然の性」は、誰でも同一であるにもかかわらず、気質の性のため、聖・愚・賢・不肖などの人間の違いが現れるという。そして、朱子学は「本然の性」をもっているのが聖人であり、凡人は「存天理、滅人欲」という内面的で道徳的な実践によって「気質の性」を払拭することにより、「天人合一」的な聖人の境界に達しうると主張した。

この考えは日本の朱子学でも、よく知られていた。

それに対して、徂徠は、「気質不変化説」という理論をもち出した。彼は人に「本然の性」と「気質の性」の二つがあることを否定し、人性は多様であり、人力で変えられるものではないと主張した。徂徠は、

　気質は天より稟得。父母よりうみ付候事に候。気質を変化すると申候事は、宋儒の妄説にてならぬ事を人に責候無理之至に候。気質は何としても変化はならぬ物にて候。米はいつ迄も米、豆はいつまでも豆にて候。只気質を養ひ候て、其生れ得たる通りを成就いたし候が学問にて候。たとへば、米にても豆にても、その天性のまゝに、実いりよく候様にこやしを致したて候ごとくに候。しいなにては用に立不申候。されば世界の為にも、米は米にて用にたち、豆は豆にて用に立申候。米は豆にはならぬ物に候。豆は米にはならぬ物に候。宋儒之説のごとく気質を変化して渾然中和と成候はば、米ともつかず豆ともつかぬ物に成たきとの事に候や。それは何之用にも立申間敷候。又米にて豆にもなり、豆にて米にも用られ候様にと申事に候はば、世界に左様なる事は無之事に候。是皆聖人になり候はんと求めしより起り候妄説に候。聖人は聡明睿智之徳を天よりうけ得て神明にひとしき人にて候を、何として人力を以てなり可申候哉。さる程に古より聖人になりたる人無御座候へば、妄説なる事明白に候。聖人の教には聖人になれと申候事は無之候[41]。

と説いた。人間の気質は変わるものではないこと、「人の性は万品にして[42]」、すなわち人ごとに多様であるとした。また、徂徠は、人欲と人性を統一し、欲は道徳実践の対立物ではなく、それに

対して寛容の態度で臨み、諒解すべきものであると主張した。人欲の一種である利欲も容認すべきとする立場といえるだろう。

前述の通り、徂徠は「道」に価値を置いたが、その「道」は上古の先王・聖人より作られた治世の良法であるとし、その「先王の道」については「けだし先王の道は、人情に縁《よ》りて以てこれを設く[43]」といい、「道」が「人情」に従って作られていると論じた。そして、徂徠は、

> 心・情の分は、その思慮する所の者を以て心となし、思慮に渉らざる者を以て情となす。七者（喜・怒・憂・思・悲・驚・恐のこと――引用者）の発すること性に関せざるを以て心となし、性に関する者を情となす。凡そ人の性はみな欲する所あり[44]。

といい、人情は人の実情であり、その他に何の価値付加もなく真実的・客観的な存在であると認めた。徂徠は「人欲」を「人情」とし、その善悪を問わず、すべて客観的な存在として認めていたのである。この「人情」によって、人間の利己性を含め、一切の「私」に関する観念と行為を容認した。「人情に由て出でざることあることなし……聖人の道は、人の情を尽くすのみ[45]」といい、「人情」の実際を真実の存在であるとした。よって、徂徠は、理想的な政治、つまり「先王の道」と人情は対立せず、むしろ、先王の道は「人情」を調整・制御することを目的とし、「人情」に順応して作られたものであり、かならず「人情」に符合するとするのである。

その「人情」の考えにより、徂徠は人の財貨への欲望を認め、工商に対して新たな観点を打ち出した。商業の発展に制限をかけようとはしたものの、商品経済の発展に伴って、人の物欲・利

欲が増長するのが趨勢であることを認めざるを得なかったのだろう。そして時代の勢いに順応し、華美で奢侈な生活を欲するのが人情の自然な表現であることを認めるべきだと主張したのである。利を卑しんで、人欲を滅すべきという儒学の義利観は『論語』里仁篇にいう「君子喩於義、小人喩於利」（君子をば義に喩す。小人をば利に喩す）という言葉を根拠にしているが、徂徠はこれについて、

けだし民は生を営むを以て心とする者なり。其れ孰か利を欲せざらん。君子は天職を奉ずる者なり。その財を理め、民をしてその生に安んぜしむ……ゆゑに凡そ義と言ふ者は、利と対して言はずといへども、然も民を安んずるの仁に帰せざること莫きは、これが為めのゆゑなり。ゆゑに義は士君子の務むる所、利は民の務むるところなり。ゆゑに人を喩すの道は、君子に於いては則ち義を以てし、小人に於いては則ち利を以てす。君子といへどもあに利を欲せざらん乎、小人と雖もあに義を悦ばざらん乎。務むるところの異なるなり。(46)

という。ここに徂徠は「君子」と「小人」という二つの概念について新たな考えを示している。

小人もまた民の称なり。民の務むる所は、生を営むに在り。故にその志す所は一己を成すに在りて、民を安んずるの心なし。(47)

といい、「小人」を軽蔑的な呼び方とはせず、小人の利己性の追求を実際に存在するものと認める。

君子は大礼に従ひ、小人は小礼に従ふ。所に士は先王の道を以て己が任となし、その心は民を安んずるに在り、細民は生を営むを以て事となす、故に心は温飽に在るのみ。(48)

と説き、単なる庶民の日常の需要をも保障するのが「民を安んずる」ことであると説いた。百姓は「生を営む」を中心とし、「温飽」を実務としていることから、平穏、幸せに暮らせることこそが彼らの理想と志向であり、それを当然であると認めていた。そのため、柴米油塩などによる庶民の生活から離れた君子は、自分の天職が「民を安んずる」ことであると自覚し、庶民の平穏、満足の生活を実現させることこそが、その任務であると述べた。

ここで、徂徠は君子と小人を対立させて考えているが、注意すべきは、その相対化の前提が価値判断でなく、事実判断だということである。事実判断の根拠は、善悪を言わずに、有無だけを言う「人情論」である。「君子」と「小人」の唯一の区別は、職業の差であり、道徳の高下は関わっていない。そして、人間である限り、「聖人」でも、利欲を離れかねるという。君子でも利己の情は普通にもつだろう、小人であっても義が好きでないことはないだろうということになる。つまり、徂徠は、「人情」を人が客観的にもつものとして認め、「人性」は一種の「人情」であり、利を好む欲は、すなわち「人性」であり、是認すべきものと説いたのである。

1・2 「徳」について

元来、儒学の経済倫理においては、賤商意識が非常に強かった。商人はひたすら営利に耽溺し、道徳の学問を修養する時間と智恵がないことから、軽んじられていた。だが、徂徠は、利益への欲望は変えることのできない「人性」であるとし、人の利欲を是認し、商人層が無道徳で、軽んじられるべきであるという考えに対して、新たな見方を提供した。徂徠が最高位の哲学範疇とする「道」とは、広汎・多端であるといい、

先王の道を学びて以て徳を我に成さんと欲するに、しかも先王の道もまた多端なり。人の性もまた多類なり。いやしくも能く、先王の道、要は天下を安んずるに帰することを識りて、力を仁に用ひば、すなはち人《ひとびと》おのおのその性の近き所に随ひて、以て道の一端を得ん。(49)

と述べた。徂徠は、「道」の多端を人性の多類と結びつけ、そして「徳」について特徴的な観点を提起した。つまり、徂徠は、個々人の性に基づいて形成される能力、または特長を「徳」と称した。抽象的な「徳」がそれぞれに特化したのが個々人の能力であるとしたのである。

徳《とく》なる者は得《とく》なり。人《ひとびと》おのおの道に得《う》る所あるを謂ふなり。或いはこれを性に得《え》、或いはこれを学に得《う》。みな性を以て殊《こと》なり。性は人人殊なり。故に徳もまた人人殊なり。(50)

と述べ、人々がそれぞれに異なる独自の「性」に基礎を据え、その達成によって発揮される「徳」が「道」へ参画するための重要な契機であると考えた。つまり、人々は各自の人性の発展方向に応じて、個々人の能力の向上に努め、豊かな「先王の道」に自分の位置を探るものがあると主張

した。徂徠の道徳重視は、朱子学式の道徳修養とは異なり、人性万品はそれぞれに違い、人の徳も違うということにつきる。したがって、徂徠は、

おのおのその性の近き所に随ひ、養ひて以てその徳を成す。徳立ちて材成り、然るのちこれを官にす[51]。

そして、

故に智なる者は冢宰《ちょうさい》の材なり。仁なる者は司徒の材なり。聖なる者は宗伯の材なり。義なる者は司馬の材なり。忠なる者は司寇の材なり。和なる者は司空の材なり[52]。

と述べている。徂徠のいう「徳」は「材」や「官」に直結し、諸徳は独立した特殊的・実際的な能力であると考えていることがわかる。すなわち、丸山眞男が言ったように、「徂徠における徳とは決して狭義の徳ではなく、『材』ともいわれる様に、広く特殊技能をも包括する[53]」ものだった。そして、徂徠の「道」とは、これらの多様な能力によって治国平天下が営まれることである。徂徠は、「聖人の世には、棄材なく、棄物なし[54]」といい、すなわち天下の人に「道」に含まれない存在は一人もいないと唱えた。治国平天下の道に寄与すれば、皆「徳」の一端であると主張していた。

古の聖人の御立候事にて。天地自然に四民有之候にては無御座候。農は田を耕して世界の人を養ひ。工は家器を作りて世界の人につかはせ。商は有無をかよはして世界の人の手伝をなし。士は是を治めて乱れぬやうにいたし候。各自其みづからの役をのみいたし候へ共。相互たがひに助けあひて。一色かけ候ても国土は立不申候。されば人はもろすぎなる物にて。はなればなれに別なる物にては無之候へば。満世界の人ことごとく人君の民の父母となり給ふを助け候役人に候(55)。

徂徠は徳を成す過程についても、朱子学の唱えた本来の「性」に帰る「復性」と異なり、各人は、各人の本来の人性に潜在している能力を発掘し、「治国平天下」の大道に参画することによって、徳をなすことができると主張した。徂徠は、人の身分に尊卑貴賤があるという考えを堅持している一方で、職務には尊卑貴賤の区別がなく、如何なる職務も「天職」・「職分」であり、自分の職責を完成し、社会の安定や発展に貢献すれば、それが全体の「徳」の一端になるとした。それゆえ、商人の経営も一つの「徳」である。徂徠は、町人は商売をして「通有無」(有無を通じること)をもって「世界を助け」るという。これによって、商人と商業は道徳的に卑賤であるという考えが変えられてゆく。

1・3　義利観の変遷

徂徠は、「経世済民」の大道に参画し、寄与することができれば、「徳」が成就できると主張した。いい換えれば、国家・社会の発展に貢献する限り、利益を追求することも正当であることになる。つまり、人が本来守るべき「義」として「利」を認めたのである。ここから儒家経済倫理思想の近代化の道が開かれてゆくことになる。そして、これは、また徂徠の公私観にも反映する。

2　公と私について

2・1　公私観の伝統

日本の公私観は、特に徳川幕府の成立期においては、溝口雄三の考察によると、主に中国宋代の見解を取り入れたものとされる。「一己的な私意は天下的正大さに背反する不正でしかないとされ、凡そ個人の個別的な意思にかかわる作意は倫理的に否定され、人々は一なる身分秩序的規範に収斂せしめられる他ない[56]」というものだった。「天理ニ存シテ、人欲ヲ滅スル」を提唱する朱子学においては、いうまでもなく公を称揚し、私を人欲として抑制させることになる。

2・2　徂徠による公と私の変容

儒学の革新を促進し、近代経済思想の発展のために土台を築いた徂徠のもう一つの学説は、改めて「公」と「私」を分けるものだった。公と私の思索は、徂徠学の全体を貫く基本的な特性である。徂徠は、

公なる者は私の反なり。衆の同じく共にする所、これを公と謂ふ。己の独り専らにする所、これを私と謂ふ[57]。

と説明している。これは朱子学的な公私観とかなり違った様相を呈しているようにみえる。徂徠は、天下安定が「公」で、社会、政治、対外の領域を指し、自己修養が「私」で、個人、自身、内面の領域を指すとした。道は広範囲のものであるが、先王の道が天下安定の道であることを理解しさえすれば、誰でも自分の天性に近いところで道のある方面を心得られる。子路の勇敢さ、商業に関与した子貢の英知、冉求の才能などは、天下の安定に資することができるとする。徂徠が、

総ジテ御政務ノ筋ハ上ノ私事ニ非ズ。天ヨリ仰セ附ケラレ玉ヘル御職分也(58)

ということから見れば、「御政務」というような天下・国家的な規模で用いられることが「公」に属し、「天下・国家」より下位に置かれた共同体の家族・朋輩などの社会関係は、すべて「私」に属している。ついで徂徠は、

これ公・私はおのおのその所あり。君子といへどもあに私なからんや(59)。

君子であっても必ず私的なことがあると指摘した。そして、徂徠は、君子がその品行を瑕疵のない玉のように修行したとしても、それはあくまで「私」の領域に過ぎないとした。君子の自己修養は国家を治めることに代替できないからである。よって、統治者は国家の統治に力点を置き、

民の安定を図る政治的目的を達成しようと努力すべきである。そしてそれは個人の道徳とは関係ないと主張した。古代の聖人が聖人になりえた理由は、つまるところ天下の安定を己の責任としたところにあり、完全無欠な「徳性」の有無とは関係ない。このように「公」の領域が強調されることは、厳格な政治法律制度と関連する政治優位論の特色である。それに対して、気性の開放を唱える自由主義の気風は「私」の領域であり、任意に発展させることになる。

知識の対象についても、徂徠は明らかに公と私の二面をわける。国を治めて天下を安定させることを本質とする聖人の道は、いうまでもなく「公」の領域のものである。これは外面的、社会的なものである。このようにして、徂徠は「公」の領域を「六経」に示される狭義の聖人の道に限定し、朱子学、陽明学、仁斎、老子・荘子、仏教などは国を治めて天下を安定させられない思想として厳しく拒絶した。徂徠は自分の学説をこれらの流派と厳格に区別している。しかし、彼は「私」の領域においては、これらの流派に対して極めて寛容な態度を取り、自由に採用している。

朱子学者は「大儒」と称される人について、その学問の博大・深遠さが道徳修養の境界に正比例するという見解をとる。儒学を奥深くまで習得すれば、道徳上凡人を超越し聖人の域に達するとするからである。しかし徂徠は、統治者は道徳・倫理の上で聖人になれても、社会を治めることには寄与しないと主張した。徂徠からみれば、いわゆる聖学は国を治めて天下を安定させる学問で、政治的統治者が統治を維持するための手段と道具に過ぎない。その場合、聖学は社会全体にサービスを提供する公的特性を備えるようになる。儒者は儒学を大衆向けの知識として勉強しているに過ぎず、儒学を身に着けることは一般人が社会に認められ生計を立てる技能を習得するのと同様である。この種の知識の習得程度は、個人の道徳品性と無関係である。なぜかといえば、知識そのものは社会的、公的なものとされ、人間の道徳品性は個人的、私的領域のものに属するからである。その理由について徂徠は、儒者の目指す目標は道を学習し、道を認識し、道を教授することであり、道を実践することは政治的統治者の目標であると述べ、儒者は具体的な奉仕対象を自分の主君（すなわち大名）に限定し、私的、個人道徳の領域の「忠」「信」「義」などの価値規範をより重要視していると述べている。

上記の徂徠の見解では、儒者と為政者の区別が見られるだけではなく、学問と道徳、道徳と政治の分離も見られる。より重要なのは、朱子学の個人的道徳修養から治国平天下の政治的目的に達する直線型連続的思考を分解していることである。学問上での徂徠の公私分化は「社会政治性の有無」を限界線とし、「国を治めて天下を安定させる目的の有無」を基準としていることからみれば、依然として朱子学の道徳優位論に対する政治優位論を特色としていることになる。

2・3　徂徠の公私観と近代的経済倫理思想

この徂徠の公私観は、先に見た義利観と密接に関連する。公を、国を治めて天下を安定させることを本質とする聖人の道に限定し、「義」も主に公の面において効用があるかどうか、という角度から評価する。徂徠は公が私に優先し、公と私の間に義務の衝突が発生した場合、前者を優先的に考慮しなければならないと考えているが、私の領域については非常に広汎に考え、至るところで自由の気風を表している。その点においても近代的経済倫理思想の形成の基礎を、渋沢栄一の継承によって築いたといってよい。

日本における近代的な経済倫理思想は、西洋と同じ資本主義的な経済体制における経済倫理を説くものだが、西洋の宗教倫理による内面的個人的な倫理思想、すなわち個人主義に対して、日本の場合は共同体のための外面的な禁欲主義であり、職業への使命感も集団主義の傾向が強い。日本文化における集団主義の発端と成因などについては、本書の直接の課題ではなく、全面的に探究することは避けるが、近代経済倫理思想における集団主義、共同体における禁欲などの基本的な要素が、いつから発生するか、どのように経済活動に運用されるか、ということは重要であると考える。これについては、徂徠の公私観とその形成の経路を参照することで、一定のヒントが得られると思う。孫弟子の海保青陵は、諸藩の「公」の立場において重商主義・興利論を提唱したが、それは天下の「公」に対しては「私」の領域ともいえるからである。

より重要なのは、近代の経済活動かつ経済倫理思想に最も強く影響力をもった渋沢栄一が、『論語』に基づいて、経済と道徳の合一を提唱した際に、実際には、徂徠の公私観に沿って、私利より公益の優先を主張し、公益のための私利を励ましたことである。それによって、日本近代の経済活動へ関与した人々は、「公」のために心理的な起動力をもって経済の発展に尽力し、そののちに個人の利己性を満足できるようにしたのである。

六、まとめ

徂徠は統治階級の立場から幕府政権を守るために、朱子学を解体して儒学の内部的な革新をもたらし、結果として日本における近代的経済倫理思想形成の土台を築いた。徳川政権を強固にするために、儒学の内容を政治優位に改造しようとして「経世済民」という現世に対処する態度をとったために、現実と時勢に一定の妥協をはかる理論を打ち出した。それが近代的経済倫理思想の要素を育てることになった。徳川封建制は小農的自然経済に基づき、農業に依存し、土地を最も基本的な生産母体とする体制として出発したが、金融資本の力が増大し、その維持が困難な事態に陥ったとき、徂徠は、その封建的イデオロギーを守るために、古の道へ回帰すべく、武士の土着論や倹約と制度の建設などを提唱し、できれば商業を狭い範囲に限定して、その拡大を防止しようとした。だが、貨幣や商業の作用とその存在価値を認めたために、そこから新たな儒学が開発された。

徂徠は道徳より政治を優位させるために、儒学の古典について後世の注に頼らず、独自の古文辞学を提唱し、儒学の古典である「六経」に当代の経世済民、治世の良法を探ろうとした。徂徠における最高の哲学範疇である「道」は、中国における上古先王が治世の実践を総括する概念であり、それを江戸時代中期の現実に適用するために、ある程度ご都合主義的に古典を解釈し直した。朱子学の「天」の擬人的・道徳的な性格を排除し、儒学の「天」を認知の対象ではなく、畏敬の対象に戻し、個々人の「天職」という考えに帰着させた。朱子学の「天の理」に従うはずの「人性」と、「気」の現われである「人情」という二元論を解体し、「治国平天下」の大道を「公」、人民個々人の「気質は不変」とし、様々な個性があること、利を求める「人情」があることを認め、「人性」を各自の能力に置き換え、これを「私」として、ふたつの領域に分けた。「公」を取り行う、政治を行う聖人にも、「私」の領域はあり、「私利」を求める「人情」もあるとし、聖人の道は「人情」に応じるものとした。他方、その能力を用いて個々人が「公」の「徳」に貢献することをもって、人間の行うべき「義」とした。このように「公」と「私」の双方の関係を整えたのである。それによって、「私」より「公」を重んじ、利欲も公を害しないような私的な範囲で許容されるものとなった。この考えによって、「公」のための経済活動と禁欲を特徴とする日本的かつ近代的な経済倫理の理論的な基盤が整えられたといえよう。

徳川時代には、統治者がよく儒者の意見をきき、儒学を政権統治に運用したのが特色であり、徂徠も一七二一年九月に、第八代将軍・徳川吉宗の命に応じて『六諭衍義』を注釈してのち、「隠御用」に参与し政務に関する意見を具申していた。彼の思想も吉宗の享保の改革に影響をおよぼしたであろう。『政談』も完成してすぐに吉宗に献上したといわれている。

実際に享保の改革では、商業を抑圧し、妥協的に利用する方針を採用していた。吉宗は、一方で、幕藩体制と武士階級を保護するために、相対済令などを発布し、商人と商業の発展を阻害した。もう一方では、当時の物価騰貴に関して商人の力を利用しなければならなかったため、株仲間を公認し、これをコントロールすることによって物価の上昇を制限しようとした。これにより、商業の存在価値が公認され、享保の改革が失敗した後に、田沼意次が続いて株仲間を公認、奨励し、重商主義を実施した。辻達也は、「徂徠門下（太宰春台らのこと――引用者）が享保期に幕府に登用されて活躍した。かれらの学んだ学問が実務を通じて幕政にどのように反映しているかは直ちにはわからないが、頂点に好学の政治家がいて幕政を指導した元禄・正徳期とは甚だ対照的な形で、享保期の幕政にも儒学は滲透していたのである」[60]と述べている。徂徠の思想も政治の実際に運用されたといえよう。

▼注

（1）吉川幸次郎・丸山真男・西田太一郎・辻達也校注『日本思想大系三十六・荻生徂徠』岩波書店、一九七三、二八〇ページ
（2）劉梅琴・王祥齢著『世界哲学家叢書・荻生徂徠』台湾東大図書公司、一九九九、第二章を参照。
（3）源了圓『先哲叢談』平凡社、一九九四、第三条を参照。
（4）田尻祐一郎『荻生徂徠』明徳出版社、二〇〇八
（5）「六経」は、古く『詩』・『書』・『礼』・『楽』・『易』・『春秋』をいうが、『楽経』が早くに失われたのであり、普通は「五経」であり、徂徠は古形を強調している。
（6）丸山眞男『日本政治思想史研究』前掲書、第一章の第二節を参照。
（7）同所
（8）鈴木貞美『「日本文学」の成立』作品社、二〇〇九
（9）丸山眞男『日本政治思想史研究』前掲書、二九～三〇ページ
（10）島田虔次編『荻生徂徠全集（一）・学問論集』みすず書房、一九七三、七四ページ
（11）相原耕作「古文辞学と徂徠学——荻生徂徠『弁道』『弁名』の古文辞学的概念構成（一）」『法学会雑誌（十二）』所収、首都大学東京法学雑誌社、二〇〇七
（12）戸川芳郎、神田信夫編「訳文筌蹄（題言十則・第十則）」『荻生徂徠全集（第一巻）』所収、みすず書房、一九七四
（13）相原耕作「古文辞学と徂徠学——荻生徂徠『弁道』『弁名』の古文辞学的概念構成（一）」前掲
（14）王青『日本近世儒学者荻生徂徠研究』上海古籍出版社、二〇〇五、四ページ
（15）吉川幸次郎、丸山真男、西田太一郎、辻達也校注『日本思想大系三十六・荻生徂徠』岩波書店、一九七三、一〇ページ
（16）同前一三ページ

(17) 同前一四ページ
(18) 同所
(19) 丸山眞男『日本政治思想史研究』前掲書、第二章を参照。
(20) 岡田武彦他編『朱子学大系第六巻—朱子語類』明徳出版社、一九八一、一七ページ
(21) 吉川幸次郎・丸山真男・西田太一郎・辻達也校注『日本思想大系三十六・荻生徂徠』前掲書、一二三ページ
(22) 同前六八〜六九ページ
(23) 丸山眞男『日本政治思想史研究』前掲書、九七〜九八ページ
(24) 平石直昭『天』三省堂、一九九六、七ページ
(25) 吉川幸次郎・丸山真男・西田太一郎・辻達也校注『日本思想大系三十六・荻生徂徠』前掲書、五九ページ
(26) 同前三一四ページ
(27) 同前二八〇ページ
(28) 同前三〇五ページ
(29) 同前三一一ページ
(30) 同前二六五ページ
(31) 同前三〇三ページ
(32) 同前二九五ページ
(33) 同前三〇三ページ
(34) 同前三三七ページ
(35) 同前三二六〜三二七ページ
(36) 野村兼太郎『荻生徂徠』三省堂、一九三四、第四章を参照。

(37) 吉川幸次郎・丸山真男・西田太一郎・辻達也校注『日本思想大系三十六・荻生徂徠』前掲書、三三三ページ
(38) 同前四三六ページ
(39) 同前四三五ページ
(40) 山崎闇斎編「玉山講義附録」『朱子大全（第一巻）』所収、一六七二
(41) 島田虔次編『荻生徂徠全集（一）・学問論集』前掲書、四五六〜四五七ページ
(42) 吉川幸次郎・丸山真男・西田太一郎・辻達也校注『日本思想大系三十六・荻生徂徠』前掲書、一三七ページ
(43) 同前八〇ページ
(44) 同前一四二ページ
(45) 同前一四二ページ
(46) 小川環樹編『荻生徂徠全集（三）・経学』みすず書房、一九七七、五一六ページ
(47) 吉川幸次郎・丸山真男・西田太一郎・辻達也校注『日本思想大系三十六・荻生徂徠』前掲書、一八二ページ
(48) 西田太一郎編『荻生徂徠全集（十七）・随筆』みすず書房、一九七六、六七三ページ
(49) 吉川幸次郎・丸山真男・西田太一郎・辻達也校注『日本思想大系三十六・荻生徂徠』前掲書、一八ページ
(50) 同前四八ページ
(51) 同前四九ページ
(52) 同前六五ページ
(53) 丸山眞男『日本政治思想史研究』前掲書、九〇ページ
(54) 吉川幸次郎・丸山真男・西田太一郎・辻達也校注『日本思想大系三十六・荻生徂徠』前掲書、一

九五ページ
(55) 島田虔次編『荻生徂徠全集（第一巻）』前掲書、四三〇ページ
(56) 溝口雄三『公私』三省堂、一九九六、二三〜二四ページ
(57) 吉川幸次郎・丸山真男・西田太一郎・辻達也校注『日本思想大系三十六・荻生徂徠』前掲書、一〇五ページ
(58) 同前三八一ページ
(59) 同前一〇五ページ
(60) 西田太一郎「『政談』の社会的背景」『日本思想大系三十六・荻生徂徠』所収、前掲書、七八五ページ

第四章　近代的経済倫理思想の形成――海保青陵を中心に

徳川時代における権力の二重構造により、経済発展も幕府の政策によるものと諸藩の藩政改革によるものとがあった。非公式ながら幕府の顧問であった徂徠は、幕府の根本的な利益を擁護する立場に立って、儒学を革新した。徂徠の弟子、太宰春台は『経済録』（一七二九）を著し「殖産興業」を説いたことで知られる。その食貨篇では四民を分業論的に説いて、そのバランスが崩れてはならないといい、経済篇では、米価が高く安定することが士・農のみならず、工・商にも益があると説き、米の過剰には備蓄策を勧めている。

一七三〇年に大名に向けて、翌年には上方の商人に向けて発せられた「買米令」は、米の流通を押さえて米価を高くすることを狙った政策だが、この提言を受けたものといえよう。

また太宰春台は、「江戸の米価貴くなれば、海内皆貴くなる」と全国規模の観点から、国防上に利するとも説いているが、全体にその見通しは楽観的ではないといわれる。享保の改革も実をあげていないことを承知していたのだろう。

そして、徂徠が歿した（一七二八年）のち、かなり経ってから太宰春台が刊行した『経済録拾遺』（一七四七）では、全国経営の観点は消え、食貨篇では、殖産富国、「国産専売」など藩の商売を促す方向に転換している。[1]享保以前、寛永年間から津和野藩や岩国藩は紙の専売を、金沢藩も塩の独占販売を行っていた。[2]それを拡大助長する策である。

老中・田沼意次は、享保の改革の後期に目立つ商業重視の政策を拡大し、幕府財政は好転したが、天明の大飢饉（一七八二〜八七）に見舞われ、対策に失敗し、失脚した。それに代わって、幕府老中首座についた松平定信が「寛政の改革」の一環として行った朱子学以外を禁じる「寛政異学の禁」（一七九〇）は、幕臣内にも及んだ古文辞学や古学を「風俗を乱すもの」として規制を図るところに主眼があった。田沼意次が老中職にあった時期に商人を重んじ、利権をめぐって賄賂が横行しているとして儒者の不満が爆発し、徂徠学派に傾いていた儒者のなかからも朱子学に転じるものが出はじめた機運を摑んだ措置だった。

吉宗の孫にあたる定信の寛政の改革は、緊縮財政、風紀取締りによる幕府財政の安定化を目指したが、幕臣の窮迫を救い、庶民に倹約を強いるような策で、不満が蓄積し、さして効果がなかったとされる。その間、諸藩においては米価の値上がりを機に、財政の立て直しを図り、特産物の専売を中心に富国政策が進んでいった。

その機運のなかで活躍したのが、徂徠の孫弟子にあたる海保青陵である。「経済合理主義」に徹して、「近世思想史ではただ一人、公然かつ全面的に、「富家」「富民」（実際には商業資本を指している）を擁護している」[3]と言われる。君臣の関係は一種の「売買」関係であると喝破し、興利論を公然と打ち出し、武士層も積極的に商業に参加すべきだと提唱した。その点、青陵の思想は、表面的には徂徠の経済倫理の主張と相反するものだった。だが、徂徠が現実に即応して儒学を解釈替えする姿勢を受け継ぎ、徂徠の思想のもつ封建的な枠組みを排除するところにまで到達しようとした。したがって、日本における近代的経済倫理思想の形成を探るには、次に青陵の経済倫理思想を検討しなければならない。

一、海保青陵の生涯と学問

1 海保青陵の生涯

海保青陵は、一七五五年に丹後国宮津藩（今日の京都府宮津市）の青山家の家老で、藩の勝手（財政）掛を務める角田市左衛門（号・青渓）の長子として江戸で生まれた、江戸時代後期の儒者、経世思想家である。名は皐鶴《こうかく》、字は万和《まんわ》、通称は儀平、青陵は号である。

幼くして藩内に内紛が起こり、父親は隠居し、青陵が家督を継いだ。藩主は移封されて、一家は浪人の身となったが、生活は保障されていた。十歳の頃から二十歳まで、父が師と仰いだ徂徠学派の高弟、宇佐美灊水《しんすい》から儒学を学んだ。また、「青陵の父、青渓先生こと角田市左衛門も、徂徠派の実学者で(4)」あり、青陵の学問に強く影響を与えたことであろう。一七七一年、青陵十七歳の頃、父は尾張藩に迎えられ、青陵も留書という役に就任するように求められたが、学問中であるという理由から、その誘いを断っている。一七七六年二十二歳の頃、角田の家督を弟に譲り、尾張藩に仕えさせ、自分は曾祖父の養子となり、海保を名のり、宮津藩主、青山家に仕えることにした。同年、江戸、日本橋檜物町に学塾を開いている。

仕えること七年にして、二十八歳の頃、青山家を脱藩し、生計を立てるために笹山藩主の子弟の教育に携わった。一七八九年には、経世家として身を立てるために上洛し、越後、金沢、高岡を巡り歩いた。この旅における観察、経験が古典の意味の考え直し、終世、日本の現実に根を下ろした実学を唱えるもとになったとされる。このころから「年々歳々旅行より旅行をつづけ名山大川を踏破し、朝野各界の人と交を結び、特に実業家に過うて、其の学説を講演し、かくて地理、天然資源、各地の産物、土地の産業の沿革、経済事情、風俗習慣などを観察し、或は大名又は商家の財政整理の顧問となり、或は学説の通俗講演を行って、殆ど寧日なく一生の半を費やした[5]」という、稀に見る生涯が始まった。このようにして独自の立場から見聞をひろめたことが、彼の著作に美しい輝きを与えている。旅の中でさまざまな人と交流し知識を身につけ、それらを基にした経世策を武士や商人に説くことで生計を立てていたのである。

一八〇一年、尾張藩の儒者である細井平洲が死去したため、青陵は尾張藩儒官を務めたが、一八〇四年に大病を理由に辞職した。一八〇六年、五十二歳になった青陵は、京都を終生の場として定め、塾を開き門弟に学を講じた。同時に、これまでの旅で得た知識や経験を基に熱心に著作に取り組んだ。この時に彼の著作の大半が記されている。一八一七年六十三歳で京都にて病死した。

2　海保青陵の学問

青陵は「徂徠学をのり超えて一新地を開き、天理に徴して字句の些細に拘らず、人情に本づき礼楽の末派に迷はない[6]」と自称する学問を確立し、数多くの著述を残している。また、堯、舜、禹、湯、文、武ハ天意ヲ受ケテ学者ビタル人ナレバ、ヤハリ学者ナリ、伊尹、伝説、周公、孔子ハ聖意ヲ受ケテ伝ヘタル人ナレバ、ヤハリ儒者ナリ、以上ノ人々ハ皆治乱ヲ以テ己レガ任トシタル人々ナリ、ユヘニ古ヘノ書ハ皆治国平天下ノ為ニアカキタルモノナリ、今日ニ至リテハ昇平極治ノ御世ニテ、下々ニオル者共ハ皡々驩虞トシテ、安楽ニ世ヲ送リテ、遊ブコトナレバ、治平ノ策ナド彼是トリアツコフベキ時ニアラズ、唯庶民匹夫ノ迷ハヌヨフニ、天ノ理ノイヤトイハレヌスヂヲ書キ述ベテ、カタイナカナドノ都会ナドヘモロク〳〵ニ出ヌ軽キ人々ノ迷ヒヲサマスガ、セメテモ書ヲ読ムコトヲ業ニシテオルモノヽ、冥加ナルベシト思ヒテ、今日マデモ文章ヲカク片手間ニ、国字ニテ書キタルモノ数十巻アリ(7)

とも語っている。彼は今の世を、過去の「治国平天下」を目指した乱世と比較して「昇平極治の御世」であると認識していた。そして「治平の策など彼是とりあつこふべき時にあらず、唯庶民匹夫の迷はぬよふに、天の理のいやといわれぬすぢを書き述べて、かたいなかなどの都会などへもろく〳〵に出ぬ軽き人々の迷ひをさます」ために諸国を回り、そこで得た知識を基に多くの著作を残したのであろう。その著述の大部分は、聴衆を前にして語ったものの記録、または口述筆記であることから『…談』と題するものが多い。それらの大半は、筆写をもって伝えられたため、今日でも未だ明らかにされていない著作が多く存在する。彼の主な著作の成立年代を、東晋太郎の『近世日本の経済倫理』と蔵並省自の『海保青陵経済思想の研究』を基にし、またその後の研究で明らかにされたことによって補い、年代順に列記すると、次のようになる。

第一期　寛政年間：『老子国字解』『荘子解』（未発見）『文法披雲』（大坂福島浄祐寺にて論述したもの）

第二期　加賀に赴いた時期：『東贐』（文化（一八〇四～一八一八）年代、藩士富永の江戸勤番に際して与えたもの）『富貴談』『燮理談』『善中談』（一八〇六年作）『天王談』『万屋談』『海保儀平書』（経済話）『新懇談』『陰陽談』

第三期　京都に赴いた時期：『綱目駁談』（一八一〇年七月執筆）『前識談』『養心談』『洪範談』『升小談』（文化八年執筆、升小は升屋右衛門である）『論民談』（忍藩の太夫に書送ったもの）『本富談』（御衆談）『枢密談』（一八一二年頃の著作）『待豪談』（未発現）『稽古談』（最もまとまった作として知られる、一八一三年冬の執筆）

年代のはっきりしないもの：『談五行』、『植蒲談』、『養蘆談』[8]

以上のほかに書名のみわかっていて未発見のものも多い。『諸談』『課農談』『漕転談』『占考談』『活眼談』『驕民談』『卒伍談』『字説談』『三子談』『三車堂記』『承継談』『青陵文書』『読書日課法』『青陵山人集』など[9]。

以上の著述は、卑近な比喩や例話に満ち溢れていることから読む人を飽きさせることがないが、そこに展開されている思想は、きわめて高度なものといえる。

二、歴史的背景

ここでは、青陵が生きた時代の経済政策や現状について概観し、彼の思想形成にどのような影響を与えたのかを考察していきたい。

江戸幕府の財政は、享保の改革での年貢増徴策によって年貢収入は増加したが、宝暦年間（一七五一～一七六四）には頭打ちとなり、再び行き詰まりを見せた。八代将軍徳川吉宗の努力にも拘わらず、彼の死とともに、その反動時代が出現し、徳川封建制度の支持は漸次困難になっていった。吉宗は享保の改革において緊縮政策を実行したが、享保年間中期以後においては財政再建や物価対策を急ぐ余り「一時凌ぎ」的な法令を濫発した。このことはかえって幕府や将軍の権威を弱め、社会的な矛盾を後に残す結果となった。

その後、田沼意次が老中に就任し、悪化する幕府の財政赤字を食い止めようとした。その唯一の方法が吉宗改革後期の殖産興業を継承し、重商主義政策を採ることだった。青陵が成育したのはこの頃である。田沼は、財政難を打開するために、発展してきた商品生産・流通に新たな財源を見出し、さらに大規模な新田開発と蝦夷地開拓を試みた。それまでの農業依存体質を改め、商業を掌握し、物価を引き下げるため手工業者の仲間組織を株仲間として奨励して、そこに運上・冥加などを課税した。銅座・朝鮮人参座・真鍮座などの座を設け、専売制を実施した。さらに長崎貿易の推奨を行い、特に俵物などの輸出商品の開発を通じて金銀の流出を抑えようとした。新田開発としては印旛沼・手賀沼の干拓事業に着手した。その他にも、工藤平助らの提案にしたがって、蝦夷地の開発やロシアとの交易を計画し、最上徳内らを北方へ派遣し、その可能性を調査させた。これらは当時としては極めて先進的な内容を含む現実的・合理的な政策であったが、松平定信などの敵対派が「賄賂政治」とのネガティヴ・キャンペーンを行った。さらに北半球全体を襲った寒冷化の影響による天明の大飢饉も重なって、百姓一揆や打ちこわしが頻発し、一七八六年、十代将軍家治の死の直後に田沼は失脚した。

次いで、田沼政治を批判した松平定信が、一七八七年に老中主座に就任し、寛政の改革を推進した。田沼時代のインフレを収めるために、質素倹約と風紀取り締まりを進め、超緊縮財政を敷いた。抑商政策を採り、株仲間に解散を命じ、大名には囲米を義務付けて米価の低落を防ぎ、旧里帰農奨励令を発布し、江戸に流入した百姓を出身地に帰還させ農業を行うよう命じた。また棄捐令を発して旗本・御家人らの救済を図るなど、保守的・理想主義的な傾向が強かった。七分積金[10]や人足寄場の設置などの社会福祉政策も行っているが、思想や文芸も統制した。要するに、松平定信は享保の改革を参照し、緊縮財政、倹約政策及び風紀取締りなどを通じて幕府財政の安定化を目指したのである。全体として町人・商人に厳しく、旗本・御家人を過剰に保護する政策を採ったため、民衆の離反を招いた。また、重商主義政策の放棄により、田沼時代に健全化した財政は再び悪化した。

幕藩体制の経済は、石高制によって支えられていた。田沼意次が重商主義の政策を進めたといっても、その根幹を変えたわけではない。幕藩二重体制の均衡の上に「泰平の世」を謳歌していた江戸時代も、十九世紀を迎えるころには、発展する経済活動と消費階層である武士を過剰に抱える幕藩との根本的で構造的な軋轢を防ぎきれなくなっていったと見ることもできるだろう。

松平定信が辞任した後、文化・文政時代から天保時代にかけての約五十年間、政治の実権は第十一代将軍である徳川家斉が握った。彼は将軍職を子の家慶に譲った後も政治の実権を握り続けたので、この政治は「大御所政治」と呼ばれている。家斉の治世は、当初は質素倹約の政策が引き継がれたが、悪鋳貨幣による出目の収益で幕府が一旦潤うと、大奥に代表されるような華美な生活に流れ、幕政は放漫経営に陥った。一方で商人の経済活動は活発化し、都市を中心に庶民文化が栄えた。これがいわゆる化政文化である。しかし、農村では貧富の差が拡大して、各地で百姓一揆や村方騒動が頻発し治安も悪化した。

海保青陵が生きた時代は田沼意次から松平定信へと為政者が変遷したときだった。両者はともに経済政策に力を入れながらも、その姿勢は全くの反対方向であった。青陵が提唱した商業第一の主張は田沼、支配階級である武士の経済的優位の確立は松平と、その目的や姿勢が重なる部分は多い。とくに、各藩が領国内で自分自身の特色を発揮し、特産品の生産を発展させ、これをもって隣国（藩）と貿易するなどは、やはり吉宗時代に提唱された各藩の殖産興業を図った政策であろう。青陵もこれらをよく唱え、これに関するさまざまな経済政策を提出した。つまり時の為政者の方針に傾倒しているのではなく、「江戸の自由を生きた儒者」[11]の姿勢で、自身の知見をもって、自身の考えを展開していたといえよう。彼のいう「富国」はあくまでも「富藩」の意味であり、各藩が領地内の殖産興業を図ることに力を入れた。この点も、幕府の為政者とは異なる視点である。この時代背景のなかで、彼は何を見て、何を学び、どのような考えをもつようになっていったのであろうか。

三、海保青陵の「天理」説と近代的経済合理主義の形成

多くの旅行歴をもつ海保青陵は、なによりもまず各地の現実をふまえて考える人であった。彼は自分の考えを述べるにあたって、現実性及び実用性が重要な点であると主張した。青陵は

学問ト云ハ古ヘノコトニクワシキバカリノコトニテハナキ也。今日唯今ノコトニクワシキガヨキ学問トイフモノ也。[12]

と説いており、「今」の学問とは、現在の役に立たなければならないものであると強調した。現世に役立つ学問こそが、真の学問なのではないかと考えたのである。また、海保青陵は当時の社会問題を解決していくために、時代認識に基づく経世済民の実学を強く主張し、儒学の変遷を促進した。青陵は理・天理・自然などの言葉をもって、現実に基づく理を強調した。理性的・知性的立場に立つ彼は、封建的なあらゆる迷蒙、謬見、迷妄などに対しては完膚なきまでに排斥して、朱子学の合理主義を超克する合理主義を立ち上げ、その合理主義を指導原理として、経済発展の成り行きに順応することを唱えた。

1　朱子学合理主義の超克

朱子学は、理が道徳の本質とする。朱子学の根本原則をなす「理」が天地万物の統合として超越的な性質を有すると同時に、全ての物事に内在しているとする。その理によって、自然と人間は倫理的な意味を貫いているとする道徳至上の合理主義である。それについては、すでに再三述べてきた。

それに対して、荻生徂徠は天の擬人的な道徳性を排除し、天を人の認知の彼岸において、畏敬の対象とし、天命を受けた聖人たちがその天の意に従って、治国平天下の道を作るという復古的な思想で、江戸時代を革新する儒学を立てた。徂徠によって提起された「道」は、もっぱら「人道」の範疇に制限されていた。

丸山眞男は、徂徠が、朱子学の封建的な合理主義の理を解体して、天を不可知とし、「合理主義」より「非合理主義」へと進展させたことこそが、近代的な合理主義の成立のために、不可欠な段階だったと主張する[13]。西洋の合理主義の展開が、超越的絶対神への信奉の下で、神の造った宇宙のしくみの解明に向かったこと、ないしは、キリスト教の神の存在を問わないという懐疑主義によって進められたことと類比的に考えているかのどちらかだが、徂徠の天の不可知論は、敬天をいいつつ、その実、利得を求める人情を肯定するもので、そのどちらとも似ていない。日本の思想が西洋と同じ発展段階を踏むわけではない。経済倫理において、徂徠の志向を徹底したのが海保青陵であり、彼によって儒学の根幹だけ保ちながら、商品経済の発展に順応する合理主義が成立したのである。

2　海保青陵の「天理」について

儒学圏に属していた青陵は、儒学の中心的な部分である「理」を指導原理としていた。「洪範によそへて天理を心えうつす仕方を講ぜる[14]」といい、青陵は、徂徠を受け継いで、「六経は即ち天理の注伝なり[15]」ともいう。一般に天理は天と理の二つの概念からなるが、青陵においては、「況ヤ天ト神トハ理也[16]」と天と理と神を同一視する。青陵は天について、天帝とは天の理のことなり。天は空処なり。天帝といふものあろふはづはなし、唯天のすぢありて、水はひくいところより外はながれぬといふ類のすぢめ、ちやんと立て変ぜぬものなり。これを天意といふ。しかれば天に意はあるなり。すでに意ありてその意甚かたく、甚やはらかに、甚りちぎなるものゆへに、此意をさしてのいひやうなきゆへに、天帝といふなり。(17)

と述べている。徂徠は天の擬人的な性格を否定し、天を不可知としたが、青陵は「天」をすなわち「理」とし、一切に合理性をもたせる不変の「意」「天のすぢ」があると主張した。天から地へという上下の支配関係のイメージを引き出した朱子学と異なり、一種の客観的・合理的な「天」の概念を立てている。

天とは地球の外の空なる所を指て云たる名なり。震旦は、地球の中にては万分一の所なり。天帝が地球万分一の国の君が賢を尊び民を愛する故、是を贔屓に思召て、水旱をやらぬと云理万々無ことなり。其上に水は地より蒸出するものなり。雨も雲も風も皆地より出るものなり。天帝此世話を御やきなさる、理無ことなり、聖人の天を祭は、愚臣を安堵さする例なり。(18)

このように、青陵は天を理そのもののように考え、いわば天の神聖視をやめ、人間の吉凶禍福と関係のないもの、われわれの幸福を祈る対象ではないとしたのである。青陵は陰陽五行説を論じて、天地の間にあるものは皆土水火より現れると、四行説に改め、「天地間ノコトハ皆表裏ノ二

ツアルモノ」[19]といい、すべてを裏表の考えに収め、天理の合理性の把握の方法を示している。また、

且天も神も人ではなし。人の心を以て天や神の心を推すは、魚を愛して蓐上におき、鳥を愛して炬燵におき、獣を愛して芝居に連て行くにちがひたることとなし。人こそに居り、炬燵にあたり、芝居を見るが面白かるべし。人で無ものが何ぞや人の面白きと思ふことが面白かるべきや。況や天と神とは理也。ちやらくらだましごとで使とすること勿体なき也[20]。

と述べている。人間が他の生物の感情を理解できないことと同様に、人間では無いもの（ここでは天や神）に、人間の心が分かることなどあり得ないとする。こうして、天と人間の生活の関係を切断した上で、人間社会を貫く理法を求めてゆく。

それゆえ青陵は「先駆的啓蒙思想家[21]」と称されている。源了圓によると、海保青陵と山片蟠桃の思想は背景が異なっているが、共に徹底的な合理主義者である。徂徠が朱子学を否定しすぎて、「理」自体も放棄されてしまう傾向をもつのに対して、青陵はあくまでも合理主義の立場を堅持していると指摘している[22]。小島康敬は青陵の定義によって、「理」がすべての現象世界を貫いているると語っている[23]。また、南条範夫は「青陵の考え方は合理主義に徹底している[24]」と述べた。ほかの学者たち、塚谷晃弘、蔵並省自らも、ほぼ同意見である。要するに、青陵の「合理主義」的認識について、学界ではほとんどが一致している。

3　海保青陵の経済的な合理主義

江戸後期の合理主義については、青陵と同世代の、山片蟠桃という人物を想起しなければならない。彼は大坂で代表的な大名貸升屋の番頭をつとめたのち、町人学者となり、理性を信奉し、合理主義的な立場から伝統的な宇宙観、霊魂観、自然観、歴史観、経済観を鋭く批判し、知的関心が多方面に及ぶ点においては青陵をはるかに凌いでいる。青陵のいう理性の実践的な行使は主に社会経済の問題に限られていた。また、源了圓の述べた通り、「蟠桃の経済思想は、あまりにも幕藩体制に寄生することによって利益をあげた大町人としての彼の現実生活に密着して、経済の問題を、社会の構造との関連において考えていく青陵的な視野をもたない(25)」という。青陵は、三十五歳以後から五十歳ごろまで各地をめぐり、地理、人物、社会状態、風俗習慣などを、直接自分自身の感覚をもって確かめている。武士層の困窮など現実の経済問題によって生じた社会の諸矛盾は、彼の眼を通して最も実感されたものであり、深刻でもあっただろう。青陵は、

天地のあいだのことは、みな理である。みな理の中にあるのである。理外というものはない。ひっきょう理外というのは、理の推し方が足らぬから、理外のように見えるのである。理外のように見えるが、やはり理中である。理が足りないのであって、理のほうにはその外のものというものは存在しない。理外のものがあるように見えるのは、理を推さないからそう見えるだけのことなのだ(26)。

と説いており、存在するものはみな合理的であり、合理的でないと考えた人々は、理をよく洞察できないということにすぎないと述べている。当時の社会の変遷、歴史の発展もみな必然性と合理性をもっている。社会における経済の発展も合理的な現象であり、社会の発展にとって必然的な出来事であると主張したのである。そのような考えに基づいて、彼は、

そもそも天地は理詰めである。売買や利息は理詰めである。理を富まそうと思うならば、理に帰らねばならない。(27)

と述べており、商業と利益なども、天地のように合理的であり、人間はその理に順応しなければならないと主張した。青陵は、このように「理」を、もっぱら経済問題に活用し、経済的合理主義を打ち立てたのである。

寛政の改革は緊縮政策をとり、倹約を提唱したが、なお武士は財政破綻から抜け出せず、彼らが前よりもっと貧しくなる一方で、幕府の統率力も弱くなってしまった。現実を重んじる青陵は、諸藩が自治的な権力をもって、自ら領国で経済を発展させ、社会問題を解決する方向を模索した。青陵は、

物を売って物を買うのは、世界の理なのである。笑うことも何もないのだ。世界の理を笑うことは、もったいないことである。人の物をただとるのは、世界の理ではない。(28)

と述べており、売買は天理に応じて生じた合理的な現象であり、また人間活動において必要なことであり、売り買いの連鎖こそが今の世を動かしていると主張した。青陵は、当時の社会において、全社会の人々は商品経済に巻き込まれ、皆商業によって必要品を交換し暮らしている現実を指摘し、天地の間のすべての物が「しろもの」すなわち商品たりうるもの、お金を払って売買するものであると主張した。

> 田も山も海も金も米も、およそ天地の間に存在するものはみな、しろもの（経済的財貨）である。しろものがまたしろものを生むのは、理である。田から米を生ずるのは、金から利息が生まれるのと何もちがったことはない。山が材木をうみ、海が魚塩をうみ、金や米が利息をうむのは天地の理である。[29]

と述べている。売買が成り立つことで、世の中も成り立つという考えに立ち、売買がこの世の普遍的「理」であること、商業が人間社会に欠かすことのできない重要で合理的なものであると主張した。

　また、青陵は、「しろものがまたしろものを生むのは、理である」といい、交換から利益を得ることが合理的、必然的であると主張した。青陵は利息について、

> 利息というのは、取るべきはずのものである。利息を取るのは、天地の理である。天地の理

というのは、ちょいと見ると、なんだか不仁のようなこともある。不義のようなこともある。けれども、究極においては、仁にかなうのである。だから、ともかく大目のきく人（大局的判断のできる人）でないと、政事の相談はできない[30]。

と述べている。利息は天地の理に適っているので、基本的な道徳にも適合すると述べ、このような考えをもちうる視野の広い人でないと政治の相談はできないと主張したが、青陵は、それを敷衍し、売買も売買を通じて利息を儲けることも合理的とした。それゆえ、「経済的合理主義[31]」といわれる。

荻生徂徠は人間の利欲と商業の社会的な効用を肯定したが、それは徳川政権を守るための方策にすぎなかった。だが、青陵は幕府の利害とかかわりなく、経済を発展させなければならないことを提唱していたのである。

四、商業第一の主張

青陵は幼少の頃から儒学を深く学んで、現実に立脚して経世論を展開している。経世済民を「治国平天下」の根本として、徳川時代における社会問題を解決することこそ、経世済民の基本政策であるという考えにおいて、青陵は徂徠と完全に一致する。そして、徂徠よりも現実に注目し、経世論の実用性を重んじていた。商品経済の発展に伴い、武士の窮乏が著しく深刻になってきた現状に対して、青陵は、現実の経済的な売買関係は合理性によって成り立っていると考え、商業を発展させなければ当時の社会が安定できないと認識するようになった。青陵にとっては、時代はつねに進んでおり、時々刻々変化しているものだった。為政者である武士の意識を変える必要があることから、経済的関係がこの世の普遍的原理であることを主張し、当時の社会の現状に対して適応する治世は「富国」（藩を富ませること）[32]であると提唱したのである。

1　君臣は市道なり

青陵は、万象の一切を貫く朱子学の「天理」を、「賤商」と卑しまれてきた商業活動にも認める画期的な考え方を提案した。これを説明するのに、武士も商行為から超然たる存在ではないことを示すために主従の契約、すなわち君臣の関係を、家臣は忠誠心を切り売りし、君主から報酬をもらう「市道」、すなわち売りと買い、取引関係にたとえた。青陵は、

むかしから君臣は市道（売買の関係）であるといっている。君は臣へ知行をやって働かせる。臣は力を君に売って米をとる。君は臣を買い、臣は君へ売って、売買の関係なのである。売買がよいのだ。売買は悪いことではない。およそ売買のことは、君子のすることではないというのは、みな孔子の利を厭う教えを丸のみにして、呑みそこなったものである。／君臣の関係は、売買の関係ではない、といったことから、食いつぶしと骨折り損とがたくさん生じた。食いつぶしは君の損である。骨折り損は臣の損である。はなはだ算用に合わないものである。天地の利にちがっているのである。[33]

と述べる。天皇と公卿や藩主と家臣の関係もすべて「市道」と考えていたことが分かる。青陵は、君臣における相互の利益、給与と労働の関係を市場における売り買いの関係と同じものとして捉え、武家社会の君臣関係は一種の売買であると指摘した。このような視点から見れば、商人の行っている商業行為も卑しむべきことではなくなる。そして、青陵は幕藩の財政困窮と武士層の窮乏が生じた原因を、君臣関係を「売買の関係ではない」としたことに求め、さらに、

天子は、天下という「しろもの」をもった豪家である。諸侯は、国という「しろもの」をもった豪家である。この「しろもの」を民に貸しつけて、その利息で生活している人である。卿大夫士は、自分の智力を君へ売って、その日雇賃銭で生活している人である。それは、雲助が一里だけ駕籠をかついで、一里ぶんの賃銭をとって、餅を手に入れ、酒を手に入れるのと何もちがったところはない(34)。

と説いている。君臣の関係のみならず、領主は国の土地を民に貸し、その土地からの収穫を利息として受け取っており、一種の売買関係であること。すべての社会関係が売買によって運営されていることを喝破した。このようにして、青陵は利を得ることへの偏見を除き、人々に生産・交易に目を向けさせ、諸藩間の経済競争に勝ち抜いて国富を増やすことを唱えた。各藩を回って、武士たちに向かい、経済の法を説いてきかせ、積極的に富む計策を提言したのである。

2　武士が商業に参加することを提唱

大名や武士も自分が禄である米の交換をもって暮らしている現実があるにもかかわらず、「不耕、不造、不沽の士」を武士の美徳と見、経済的に行き詰まっても、貧困化を打破できなかった。これに対して、青陵は、

武士は物を買うことを恥辱とせず、物を売ることを大恥辱とするが、それは大変な偏見というものだ。この間違いから、万事ちぐはぐとなったのである。[35]

と語り、武士層を含め、すべての人々は売買関係に依存して生活しているので、金銀を賤しみ、売買行為を軽蔑するという考えの方が「偏見」であると論じたのである。青陵は武士たちが既成規範にこだわり、魚の釜中に泳ぐが如き不労者であることを鋭く批判している。

扨家中ノ者ヘ申付、閑金ヲ集テ無尽講ト云モノヲ始ラル、家中ノ者ドモハ武ノコトユヘ、米ヤ金ハ天カラ降リデモスルヤウニ覚ヘテヘラリト喰フテヲル、是鼠ノ家ノ内ニアルニチガヒタルコトナシ、唯米ヘルバカリナリ、ヘラリト喰テ居ユヱ米金ノ貴キコトヲ知ラズ、其上武士ノ風トシテ金ヲ賤シムコトナリ、金ヲ賤シムユヘニ金ヘラヘラト無ナルナリ、金ヲ貴ブ人ヲバ大ニ笑フテ商売中ノ人ナリト云コト武士一統ノ風ナリ、商売人ノ風トテ笑フホドナラバ、

己レハ商売ハセヌカト云ヘバ、先大国ノ大名ヨリ年々米ヲ売リテ金ニシテ、扨公用ヲ勤メ万事ト、ノフナリ、米ヲ売ルハ商売ナリ、大国ノ大名ヨリ皆商売中ノ人ナリ、商売中ノ身分デ居ナガラ商売ヲ笑フユヘ、己レガ身分ト所行ト違フナリ、貧ニナルハズノコトナリ、米ヲ売リテ金ヲツカフハマダマダヨキ分ナリ、彼商人ヲ欺キタラシテ、アヤマリ証文同前ノ手形ヲ書キテ金ヲカリテ金子調達スレバ、鬼ノ首ヲトツタル心ニ功ニ伐リテ喜ビナガラ、又商売ヲ笑フハナントツマラヌコトニテハナキヤ、……今ハ弑父弑君ノコトモナシ、乱世ニモアラズ、売買ヲツセネバ一日モ暮サレズ、金銀ヲ賤ム世ニアラズ、商売ヲ笑フ時ニアラズ、笑ヘバ先己レガ身カラ笑フガ順ナリ、アヤマリ証文ノ手形ヲカク男ヲ笑フベシ、商人ヲ欺キタオス男ヲ笑フベシ、国ヲ貧ニスル男ヲ笑フベシ、ヘラリヘラリト鼠トトモニ米ヲヘラス男ヲ笑フベシ、是レ笑フベキ所ヲ笑ハヒテ、笑フマジキ所ヲ笑フト云モノナリ(36)

と述べている。青陵は、武士たちが経済力の上で町人に屈して行く世の変化を知らず、古の定規を今に当てはめんとする腐儒を笑っている。青陵は、ここから、武士たちは商業に従事すべきと提唱し、経済活動に参加することによって主導権を取ることを主張した。経済的優位に立つことによって、その支配を現実的に強めることができる、というのである。

彼もまた武士の家で生まれ、儒学を学び、支配階級は武士でなくてはならないと考えていたからである。これは「官尊民卑」の打破という大きな課題として後の渋沢栄一に残されることになる。思想の連続性と転換の様子が探られなくてはならないのである。

青陵は、現実を自覚し、策を練り、経済的に優位に立つことによって、武士が支配する「合理的」な社会を目指したのである。その考えに基づき青陵の経世論が展開されたのであるが、それは日本という国単位のものではなく、藩という単位で考えられていた。各藩が富むことによって、日本全体が富むと考えたのである。その姿勢は、旅をしていくつもの藩に経世論を説いた彼の活躍に土台をもっていた。

3 富藩的な重商主義

青陵は、大名が「富国」をもっての財政収入を増加すべきと提唱した。それは藩単位のものであって日本国（幕府）単位のものではなかった。彼の重商主義は、近代的な意味での国家運営の策ではない。

青陵は「国富」について、「国の富というのは、土から産出するものの多いのをいう[37]」と説いている。この「国」は当時の用法で「藩」の意味である。そして、土地からの産物がその土地を領有する藩の富であると考えていた。また、

その国の富は天下の富である。隣国の貨財をその国へひきよせ、他国の貨財を自分の国にすいとる、などということとちがって、もともと土地から出すべきものを、土地から出すことであるから、天の意にもかなっているであろう[38]。

と述べている。各藩の財貨について、自国で産出したり、他国から得たりすることもできるが、

総体的に見てみると、各藩で生じた産物はその藩だけのものではなく、流通を通じて世界全体の富になりうる。そして、青陵は、「他国の貨財を自国へすいこむのも、覇道であって智の株式である」[39]とする。自分の国の土から物の生ずることが多くなるのは、王道であって仁の株式である」[39]とする。

青陵は、国富について自国から富を生む王道と、他国から富を引き込む覇道を区別している。

覇道と王道の区別については、もともと孟子が提唱したものであり、夏、殷、周のように道徳をもって世を治めることを王道、春秋時代の諸侯のように知力や武力をもって世を治めることを覇道と呼んだ。孟子は王道を理想とし、覇道を卑しいものとし、尊王賤覇を提唱した。青陵の考えは、これと違って、経済を主眼に「王道思想は乱世の思想であるから、治世の代である徳川社会には適用できない、という理由で覇道思想の正当性を主張した」[40]。他国から富を引き込むことを、他を侵害する意味で覇道にたとえているのである。「株式」は収益の源である物権の意味で、株仲間で一種の特許権の売買がなされていた。「智の株式」とは、知能をはたらかせて富を得ることを、仁愛をもって得た富にたとえている。本来の「覇道」とは概念を転換している。朱子のいう「天理」の意味を転換したのと同じやり方である。これも青陵が徂徠に倣ったものであろう。

天下のことを王といひ国のことを覇と云也、此王覇の差別といふ証拠といふべし、王とは外の無き名也、天下丸持ゆゑ隣国と云者なし、法度触を出せば天下中の惣法度也、東国の金銀が西国へ行きても、天下丸持なればやはり此方の金銀なり、故に世界を花美にしやうと質素に仕様と、此方の手にある也、金銀の流通するは巾着の金を鼻紙袋へ移す様なる物なれば、気にかくるに及ばず、故に王道は易々たりと古へよりいふ也、唯広大なる故に急には行かぬ也、故に孟子にも仁者は天下を保ち、智者は其国を保つと云ふ、王道はおち付はらひて、気の長い親仁のする役目也、覇とは外の有る名なり、隣国四方に引続きて居る也、法度を出しても隣国へは触られぬゆゑ一国ぎり也、我国の金銀他国に行けば此方の用はたらぬ也、故に世界の風俗の此方の自由にならぬ而已ならず、此方の風俗も此方の自由にならぬなり、此方の金も他国へ行けば、此方の金も自由にならぬ也、故に覇道は智者の役也、落付たる親父の役目にあらず、流行を己れが国より出さずに他人の出せる流行へ合せて行ねばならぬゆゑ、余程するどき男の才気の錐の末の様に、いらいらする程輝やく男でなければならぬ役目なりと知るべし。[41]

国を豊かにするには農業生産を拡大するといった王道的方法ではなく、他国の財貨を自国に吸い込む貿易的手法が必要であると青陵は考えた。しかし幕府が祖法、すなわち建国の理念としてオランダと清国、朝鮮を除いて、通商、通行を禁止する外交政策を取っている以上、不特定多数の外国を相手とする貿易などは主張できなかった。そこで、青陵は、藩単位の重商主義政策、すなわち日本国内の売買を主張することにしたのである。

そして青陵は、実際、文化期に加賀藩などで藩交易を主とした富藩政策を展開し、積極的な領外への産物輸出によって富藩を実現しようと試みた。また天保期には長州藩の村田清風の産業政策などにも、青陵の影響がうかがわれるという。[42]

五、興利論の提唱

青陵の経済倫理思想の特色を代表する考え方として、興利論がある。天理に従って富を生ずること、富は天理に従うことを特に強調し、「興利というのは町家でいう金儲けのことである[43]」とはっきり言い放っている。そして、青陵の著作の大部分が、町人の興利の法に関する内部の事情と、武士、大名がその法を生かしてどのように国を豊かにするべきか、を説くことに費やされている。彼が提唱した「講」（仲間内の預金）、「津開」（港を開いて海内貿易を盛んにすること）、「米手形」の発行や、「さし米法」（年貢の運搬中の目減り分を算入すること）、大坂への廻し金（米問屋対策）、家中内職などの法はすべて、武士をしてどのように富ますかの方策として論じられているのである。

徳川時代の政治家や財務家は、財政の危機を救うために、倹約令を頻発し、ほとんど例外なく、冗費節約、消費節約などの消極的な政策しか考えなかった。それに対して、青陵は現実の世相をよく捉えて、倹約などの消極的な手段でこの難局が打開出来るものではないと主張し、「江戸時代財政の根本原則である『入るを量りて以て出づるを為す』において、『入るを量る』が『出づるを為す』の前提となしている」。この根本原則によって、毎年の収支を比較計量し、「入る方が多く、出る方が少ないということはよけれども」、これとは逆に「出る方が入る方より多い場合が多々ある[44]」とし、積極的な投資を含め、工業と商業の振興、また領国間の制限を廃止し、移出入の自由を許して、貿易の便宜をはかることを提唱した。

また、青陵は江戸時代に盛んになった「義を重んじ、利を賤しむ」という道徳規範に対し、

民ガ孝悌忠信ニナルト親兄ノ側ヲ離レズ、父兄ノ側ヲ離レネバ、店ニ物買ガ来リテモ棄テ置テ出ヌナリ。大ニ利ヲ得ルコトガアリテモ、孝悌ノ邪魔ニナル故ニ動カヌ也。業ノ為ニ働クベキ身ヲ、孝悌ノ為ニ働ク。自然ト天ノ恵ミトヤラデ、金銀ガ天ヨリ降ル。是モ空ナルモノ也。……孝悌愛ナシ。唯目ノコ算用ナリ[45]。

と説いて、当時の社会の現実と道徳規範の矛盾を一語で喝破している。冷たく聞こえるかもしれないが、現実における真実の結論であるといわなければならない。青陵は、

利は捨てるべきものではない。民は愛しすぎるべきものではない。治世に利を捨てるのは、天理ではない。民を愛しすぎるのは、天理ではない[46]。

と述べている。儒学の倫理的な要素をも用いて、興利を唱えていた青陵は、徂徠の思想の線に沿って、「又富ヲニクミテ貧ヲ好ムトイフハ、人情ニアラズ[00]」と述べる。徂徠よりも「人性」と「人情」の同一視に傾いている。青陵は、

誰ニテモ貧ハイヤニテ、富ハ好マシキコト人情ナリ、人情ニチガハヌヨフニ世ニ活キテオレバ、禍ヲマヌカレテ福ヲ得ルニチガヒナキコトナリ、唯平生ニ貧ハイヤナリト思フ心ノキヘ

ヌヨフニシテオレバ、一生貧ヲスルコトアルベカラズ[47]

と書く。青陵は、さらに一歩進んで利をはかることに合理性を与え、現実社会における経済生活の実際の世相を素直に認め、売り買いが天理になっていると考えたのである。また、現代語に翻訳していえば、

むかしから、興利の民を憎むということが行なわれているが、これはまた、特殊のケースを無視した一概の議論である。民の年貢高をゆるめようと思うならば興利をはかる以外に方法はない[48]。

という意味のことを語っている。昔から、民が利益になる事をくわだておこすことを憎む風潮があるが、それは奇怪なことだという。田畑に課した年貢をゆるめようとするなら、別の利益を上げるしかない。さらに、農工商にかぎらず武士においても、商業によって積極的に富をつくる方法を考えなければならないとし、「所詮、米を売らねばならない武家のことであるから、物を売ったり買ったりすることは、また大変な醜行ということでもない[49]」として、「金ということを言葉にもいわないのが真の武士だと心得ている[50]」ことは、すなわち武士自らが「貧を好むというもの[00]」ということを意味する。それは結局、実際面において、

いま武家というものは、権現様、台徳院様のときに取った知行のままで、世の中の変化流行

につれて収入が増加するということのないものである。農・工・商は世の中の変化につれて取るものが増すから、入金が多い。入金が多いから出金が多くなっても辻褄も合うのである。これでは、大名は借金が多くなる道理である。[51]

といい、それゆえ、

算用事も治国の大切な一ヵ条である。けっしておろそかにすべきことではない。[52]

として、一身一家の場合でも、国を治める場合でも、しっかりとした経済観念をもつことの重要性を強調した。

要するに、青陵は、利が万物を背後で統一する合理的なものであることを前提にして、興利論を提唱していた。経世済民という実際上の観点から学問をとらえ、徹底的な経済合理主義をとり、今の世は富国を第一とすると唱えていた。これによって儒学における「義と利の弁」に全き転倒がもたらされたのである。

六、まとめ

ごく簡単にいえば、海保青陵の合理主義は、客観性・現実性を重んじ、天地自然から人間社会に至るまで一切の現象を合理的に捉え、徳川社会の諸問題は武士が商品経済、経済構造の主導権を握ることによって解決されると考えていた。徂徠が革新した経済倫理思想は、青陵によって、より近代的経済発展に近づいたといえる。また、思想の実用性の面において、彼はさまざまな藩へ足を運び、近代的経済倫理思想の基礎をつくったといえよう。

思想の面においては、青陵は万象の合理性を基礎にして、「天理」の観念をいわば近代的な自然科学に近似するような合理主義に近づけた。源了圓は「青陵は、経済ということばを儒教的経世済民の意味から解放したはじめての人といわれているが、彼の構想した政治は、経済世界の原理に立脚した政治を樹立することであった[53]」としている。また、徂徠は客観性を重んじ、先王の道が人情に準じるべきという理論を立て、現世における人間の利欲をある程度許容したが、青陵は「人情」と「人性」とを一致させ、「興利論」を説いてまわった。徂徠の場合は、公と私の分化を通じて、公を守ることを前提に、人欲、利欲などの私欲を是認したが、青陵は、商業の振興を、私的なことではなく、藩という一種の公の施策として主張した。そのため、実際に青陵は、徳川封建社会の主軸である君臣関係を経済的な関係として解釈し、支配階級である武士層が商業に従事し、経済力を握ることが必要であると提唱した。このような言動は利得を求めることを卑しむ儒学の原理に照らせば異常に映るであろうが、現実に日々困窮に陥っていた武士層に対して、かなりの説得力をもつ考えであり、またいくつかの藩の経営に参照されたことも間違いない。明治維新後、士族が資本主義国家建設の担い手になってゆく下地づくりに寄与したことは明白であろう。

確かに、日本における儒学は江戸時代を通じて社会に広く浸透したが、江戸時代の経済発展に応じて儒者たちが儒学の枠内ではあるものの商業を肯定するなど、次第に転換がなされていた。

青陵のほぼ同時代に、本多利明、林子平、山片蟠桃などの学者が、さまざまな伝統思想や西洋などの思想の影響をも受けつつ、儒学の枠内において近代合理主義に接近した考え方を提出し、また実践に移していた。この中で、徂徠学は広範な影響をひろげており、彼の後裔である青陵は、徂徠の系統を踏襲しながらその経済倫理思想を最も近代的な方向で押し進め、また各藩の武士に影響を与えていた。このようにして徂徠系の思想は、明治期に西欧合理主義思想を受け止める土台として働き、そして明治近代国家の経営にさまざまに参照されることになったのである。渋沢栄一が徂徠学の影響を受け、彼らによって形成された理論を利用して、近代的経済倫理思想を確立したことも、その流れのひとつであることは誰にも否定できない。

▼注

（1）山口直樹「太宰春台における経世論の転回」『経済論叢（一八六）』所収、二〇一三
（2）吉永昭『近世の専売制度』吉川弘文館、一九七三
（3）竹林庄太郎「海保青陵の商業思想（二）」『同志社商学（二十七巻五号）』所収、同志社、一九七六、六二ページ
（4）源了圓責任編集『日本の名著二十三・山片蟠桃・海保青陵』中央公論社、一九七一、五八ページ
（5）谷村一太郎編『青陵遺編集』国本出版社、一九三五、七ページ
（6）同所
（7）瀧本誠一編『日本経済叢書十八・海保青陵経済談』日本経済叢書刊行会、一九一五、三九七〜三九八ページ
（8）東晋太郎『近世日本の経済倫理』有斐閣、一九六二、第六章を参照。

（9）蔵並省自『海保青陵経済思想の研究』雄山閣、一九九〇、三五～三六ページ
（10）七分積金とは、寛政改革の際に江戸町方に命じた積立制度。町入用の節減分の七分（七％）を積立させた。
（11）徳盛誠『海保青陵――江戸の自由を生きた儒者』朝日新聞出版、二〇一三
（12）塚谷晃弘・蔵並省自校注『日本思想大系四十四・本多利明・海保青陵』岩波書店、一九七〇、二四七ページ
（13）丸山眞男『日本政治思想史研究』東京大学出版会、一九八三、第一章の第二節を参照。
（14）瀧本誠一編『日本経済叢書十八・海保青陵経済談』前掲書、三九八ページ
（15）同前三九九ページ
（16）同前一〇七ページ
（17）同前四〇八ページ
（18）横川四郎編、石濱知行解題『海保青陵集』誠文堂、一九三五、一九六ページ
（19）同前四三三ページ
（20）瀧本誠一編『日本経済叢書十八・海保青陵経済談』前掲書、三九九ページ
（21）源了圓責任編集『日本の名著二十三・山片蟠桃・海保青陵』前掲書、一七ページ
（22）同前五〇～六二ページ
（23）小島康敬『徂徠学と反徂徠学』ぺりかん社、一九九四、九三～九四ページ
（24）南條範夫「利明と青陵」『日本思想大系四十四・本多利明・海保青陵』月報所収、岩波書店、一九七〇
（25）源了圓責任編集『日本の名著二十三・山片蟠桃・海保青陵』前掲書、一八ページ
（26）同前二八二ページ
（27）同前三四七ページ

(28)同前三六七ページ
(29)同前三四六ページ
(30)同前三五二ページ
(31)源了圓『徳川思想小史』中央公論社、一九七三、第七章を参照。
(32)青陵の「国」は藩という意味である。
(33)源了圓責任編集『日本の名著二十三・山片蟠桃・海保青陵』前掲書、三四六〜三四七ページ
(34)同所
(35)同前三六六ページ
(36)瀧本誠一編『日本経済叢書十八・海保青陵経済談』前掲書、二五〜二七ページ
(37)源了圓責任編集『日本の名著二十三・山片蟠桃・海保青陵』前掲書、四三一ページ
(38)同所
(39)同所
(40)同前六三ページ
(41)瀧本誠一編『日本経済大典(第二十七巻)』啓明社、一九二九、六六九〜六七〇ページ
(42)南條範夫「利明と青陵」『日本思想大系四十四・本多利明・海保青陵』月報・前掲
(43)源了圓責任編集『日本の名著二十三・山片蟠桃・海保青陵』月報・前掲、三七二ページ
(44)蔵並省自『海保青陵経済思想の研究』前掲書、九六ページ
(45)同前九八ページ
(46)同前三九一ページ
(47)源了圓責任編集『日本の名著二十三・山片蟠桃・海保青陵』前掲書、三四二ページ
(48)塚谷晃弘・蔵並省自校注『日本思想大系四十四・本多利明・海保青陵』前掲書、二九六ページ
(49)瀧本誠一編『日本経済叢書十八・海保青陵経済談』前掲書、一八二ページ

(50) 源了圓責任編集『日本の名著二十三・山片蟠桃・海保青陵』前掲書、三七一ページ
(51) 同前四六四ページ
(52) 同前三八一ページ
(53) 同所
(54) 同前四二〇ページ
(55) 同前三七四ページ
(56) 源了圓『徳川思想小史』前掲書、一五七ページ

第五章　実学の思想と産業発展、そして公害

一、江戸時代の実学と産業発展

徂徠の思想における「道」「経世済民」「徳」「公私」「義利」などについての考えは、徳川幕府の統治を強固にするための提唱であるとともに当時の社会情勢に応じて実用のための学問を重んじ、商品経済に対して妥協する姿勢も備えていた。享保の改革後期の殖産興業などの歴史事情と併せてみるなら、「先王の道」を「礼楽行政」と規定し、学問を「治国平天下」のためのものとしたのも、また、「賤商」的な儒学を商品経済に向かわせようとする姿勢も、現実に適応するための思想だったといえよう。実際、それは「実学」の提唱とともにあった。

「実学」は、朱熹が『中庸章句』で、唐漢の訓詁注釈を事とする儒学を「無用」、仏教と老荘思想を「寂滅」の教え、「無実」として退け、世の中を治める道徳を説く自身の立場を「実」としたのが最初とされる。それを現実即応的な意味に転換したのは、荻生徂徠その人だった。そして、徂徠の弟子、太宰春台は、商業を経済活動の基本的な要素と定義し、農業のように商業を受け入

れ、商品経済を促進し、新田開発、名産物と経済作物などの実業生産を奨励すべしと主張した。先にも述べたが、その春台は『経済録拾遺』（一七四七）で藩の「富国」政策を説くことに路線を切り替えた。その姿勢が海保青陵に継承された。海保青陵は、親子兄弟も君臣の関係も、煎じ詰めれば「目の子勘定」、経済的利害によるものと説き、諸藩に殖産興業を勧めてまわった。経済合理主義と評され、近代的と評される所以である。しかし、それはあくまでも幕藩二重権力体制を前提として、武士が指導階級として留まるために言われたことであり、幕藩体制を崩すような考えではなかった。

その点を踏まえながら、ここでは、荻生徂徠とその学統、太宰春台と海保青陵の経済倫理思想が江戸時代中後期の現実即応的な「実学」の展開と産業発展の全体に果たした役割について考えてみたい。荻生徂徠が徳川幕府の権威を高め、かつ、商業活動の活発化にも譲歩したのは、江戸時代の幕藩二重権力体制が商業活動の活発化と幕府と藩のせめぎ合いを不可避とするものだったからである。とりわけ享保の改革後期には殖産興業の機運が各藩に及び、新田開発や鉱山開発が活発化し、それに続く田沼時代の「重商政策」は、各藩の特産品の専売などが中央市場を経由せずに各地を直接結ぶ全国市場の形成を促した。

徂徠の「実学」志向は、儒学者の中にも、天地自然のなかから産物を取り出す「開物」思想を説く皆川淇園らが現われ、十七世紀末には最初の体系的農書として宮崎安貞の『農業全書』が著されるなど、技術的実践に向かう学の機運に掉さすものでもあった。日本思想史では、源了圓『実学思想の系譜』（一九八六）が江戸時代の中後期から「実学」が展開し、近代合理主義に近づき、「自然科学」的なものの見方に近づいたことを論じてきた。源了圓は、その契機に朱子学がはたらいたと見ている。[1] また日本科学史家の三枝博音は、早くから『日本の思想文化』(一九六七) などで、天地自然のなかから産物を取り出す「開物」思想が、江戸中期からの蘭学受容の下地になったことを指摘していた。[2] 江戸時代の「実学」思想は、かなりの拡がりを持ち、また複雑な様相を呈している。

これまで見てきたように、徂徠独自の「古文辞学」は、朱子学批判に向かった古学派の流れを受けたものであり、また、技術的実践に向かう学の機運も朱子学とは無縁な動きと言わざるをえない。「実学」志向が蘭学受容の下地になったのは確かであろうが、蘭学は幕府天文方や医学を除けば、むしろ趣味的に展開する傾向が指摘されており、総体としては、江戸時代中後期の産業と商業の活発化に結びつく傾向はもたなかった。[3]

ところが、近世中後期には藩政改革、新田開発、殖産興業が各地に洪水や公害を生み、一揆なども生じさせていたことが近年、安藤精一『近世公害史の研究』(一九九二) によって明らかにされた。だが、それらは、明治後期、日本資本主義発展期の足尾銅山のようには大きな問題にならず、比較的穏便におさまったとされる。多くの儒者たちは陰陽五行説により、開発の弊害を論じたが、自然と調和して生きることを教える陰陽五行説が歯止めとして働いたわけではない。その中で海保青陵も経済合理主義の立場から対策を提出しているが、諸藩が石高制のもとで農業生産物の収穫を第一にしなければならなかったことが最も大きな理由であろう。[4]

蘭学に学んで全国統一国家の建設、すなわち近代国民国家の建設に向かうことを説いた人は、黒船ショックを受けてのちの幕末を除けば、ごく少数で、その影響は当時、拡がらなかった。それに対して、江戸時代後期に各藩に「富国」の思想、武士に藩のための金儲けを説いた海保青陵の書物は雄藩の有力者に参照された形跡があることは先に述べた。徂徠の経済倫理も「実学」思想も、あくまでも幕藩体制が生んだものであり、太宰春台、海保青陵の思想も幕府と各藩がせめぎ合いながら、産業の発達を促すなかで、商品経済を全国化することに寄与したのである。言い換えれば、それらから国民国家建設に向かう志向は生まれなかったし、石高制を突き崩し、貨幣を本位とする資本主義に展開する可能性も孕んでいなかった。これは「近代化」とは何をいうのか、再考を迫る問題であろう。

1　徂徠と太宰春台の実学

ここでは、江戸時代中後期の「実学」を「経世済民」「経世致用」の認識が多方面にわたり、実用的、実践的、実証的な性格をもつ意味で用いる。「実学」という言葉は、朱熹が『中庸章句』に、唐漢の訓詁注釈を事とする儒学を「無用」、仏教と老荘思想を「寂滅」の教え、「無実」として退け、自身の立場を「実」としたのが最初とされる。

其の書は始めに一理を言ひ、中ごろ散じて万事となり、末に復た合して一理となる。之を放てば則ち六合に弥り。之を巻けば則ち密に退蔵し、其の味はひ窮まり無し。皆実学なり。(5)

日本においては、江戸初期に林羅山を筆頭とする朱子学者が、仏教を現実を離れた空理空論の「虚」とし、それに対して儒学を「実」の学門、すなわち実学と称したという。日本における宋学（朱程学、新儒学）は、中世に興隆した禅僧たちによって五山文学の「外典」として紹介されたことに起源がある。五山僧であった藤原惺窩が仏教を離れたことをもって境界とし、徳川幕府に仕えた林羅山らが朱子学の実用性を強調、官学主流の学問の地位を確保したため、「実用」性、すなわち道徳性がいよいよ強調された。

徳川政権が成立し、戦乱の時代が終わりを遂げ、諸藩に農耕、手工業などが順調に発展しはじめたとき、道徳の学たる朱子学は、四民秩序を設立するためには実効性があった。しかし、幕藩体制下に発展した商品経済は、かえってその安定・平和の局面を破壊し、武士層を腐敗享楽、財政難に陥れ、社会問題が頻発し、体制の矛盾が露呈する局面を迎えた。道徳優位の朱子学は、この風雪の前に、実効性への疑問を引き起こさざるをえなかった。古学派は朱子学の道徳的合理性を批判し、朱熹による注釈を捨て、中国の古典に直接、聖人の道を尋ね、現実にかなう知恵を探そうと提唱した。日本古学派の先駆者、山鹿素行（一六二二～一六八五）は、朱子学は明徳を実現するために「天然の性」に帰ることという復性説を唱えながら、「理」を本体としており、矛盾すると批判した。伊藤仁斎は、朱子学と陽明学が現実から離れたものであるとし、進んで『論語』と『孟子』に真の経世の学と実用の学を探すことを主張した。荻生徂徠は、伊藤仁斎の考えを批判したが、それによって古学派の流れを集大成したといった方がよいかもしれない。独自の「古文辞学」の方法を開発し、「経世済民」の「道」は「礼楽刑政」にありと唱え、その学問の実用性を訴え、日本における「実学」観にも、重要な転機を招来した。彼は「実学」について、次のように用いている。

俗学者は。綱目にては道理よく分れ候と思ひ候へ共。夫は実学と申物にては無御座候。…其上綱目の議論は。印判にて押たるごとく。格定まり道理一定しておしかた極まり申候。天地も活物に候。人も活物に候を。縄などにて縛りからげたるごとく見候は。誠に無用の学問にて。只人之利口を長じ候迄にて御座候故。事実計之資治通鑑はるかに勝り申候。(6)

上にいう「綱目」は、朱子が司馬光編になる通史『資治通鑑』に付した「綱目」を指している。朱熹は道徳優位を強調し、『春秋』の名分論に基づいて「資治通鑑綱目」を書いた。徂徠は、それを「誠に無用の学問」と批判し、事実を事実だけで把握している『資治通鑑』こそ「勝り申候」、優れたものと語った。このように徂徠は、現実性を尊重し、事実性・実用性を尊重する立場に立つ学問こそが「実学」であると主張していた。

徂徠は思想の中核を先王・聖人の「道」に置き、その主な目的を「経世済民」とするところから出発した。その「道」の真髄は、朱子学の唱えた「理」と「性」のように超越性と内在性に立つ抽象的な概念ではなく、上古先王たちによって考察され、実現された礼楽刑政・文物制度などの総称、すなわち「統名」にあるという。徂徠は、

道なる者は統名なり。礼楽刑政凡そ先王の建つる所の者を挙げて、合せてこれに命《なづ》くるなり。礼楽刑政を離れて別にいはゆる道なる者あるに非ざるなり。(7)

と説いた。「道」が普遍性・総括性をもつこと、その根本的な目的が「治国平天下」すなわち「経

世済民」にあることを繰り返して強調した。徂徠の「実学」は、幕藩体制を強固にし、社会問題を解決することに本意を置いていた。また、

伏羲・神農・黄帝もまた聖人なり。その作為する所は、なほかつ利用厚生之道に止る。顓頊・帝嚳を歴て、堯・舜に至り、しかるのち礼楽始めて立つ。夏・殷・周よりしてのち粲然として始めて備る。これ数千年を更、数聖人の心力知巧を更て成る者にして、また一聖人一生の力の能く弁ずる所の者に非ず。故に孔子といへどもまた学んでしかるのち知る。しかるに天地自然にこれありと謂ひて可ならんや。(8)

と述べ、先王の「道」は、まず伏羲、神農、黄帝によって「利用厚生之道」が作られ、顓頊、帝嚳を経て堯・舜に至るまで系統的に「礼楽の道」が形成され、孔子は一生をかけて「六経」を修訂し、それによって先王の道が後世に広く伝えられたとする。孔子は自分の説く「徳」が先王による「徳」と同じであることを自認していた。徂徠は、それによってこそ、先王の道を理解し、それを当代の社会に運用して、一切の社会問題を明快に解決できると主張したのである。

近年の日本思想史をリードしてきた相良亨は『日本の思想――理・自然・道・天・心・伝統』(一九八九)で、日本近世の天道観について述べているが、朱子学系の林羅山が『羅山先生文集』(林雅邦編、一六六二)で、貝原益軒も晩年の『大疑録』(一七六三、一七六七刊)で、朱子学の「理気二元論」を捨て、「理気一体」論を説いていることを指摘し、全体に「天」を法則・秩序の原理として認識の対象にしない傾向を指摘している。とりわけ荻生徂徠『弁道』が君臣の「天職」

を説いて、現実社会において「天に代わる存在」や「天にひとしき存在」が承認されるしくみに向かっていることを示唆している。そして徂徠の弟子、太宰春台により殖産富国政策、海保青陵により商品社会制度の確立が説かれたこと、また皆川淇園『名疇』（一七八八）や横井小楠『沼山閑話』（一八六五）が天地自然に内在する可能性を開いて人間の用に資する、すなわち人間中心主義に通じる「開物」「開化」の思想を説いたことを付け加え、それらがのち明治期における「西洋の技術・制度の吸収」の下地になったことを説いている。[9]

朱子学は「守静持敬」「格物致知」などを道徳的修練の目的とし、それによって人欲を滅し、本然の性に帰ること、更には「天人合一」の境地に立つことにより、その身は聖人となるという道徳的実践の学、その意味での「実学」である。それに対して、徂徠は、自己の心のあり方とは関係なく、外面的かつリアルな存在や事柄に働きかける実践の意味での「実学」を提唱したのである。徂徠によって舵が切られ、江戸後期の儒学全般に道徳的実践の「実学」より、現実即応的な「実学」がひろがったのである。

実際、荻生徂徠は幕府の財政難、武士の困窮など経済問題を解決するために、「士農工商」の四民秩序を強調しながらも、商業の作用を認め、商人の存在の必要性も承認した。そして「公」と「私」について再定義し、人の心の現実として「私欲」或いは「利欲」があることを認め、寛容な姿勢を示した。

将軍吉宗は自ら先頭に立って徂徠をはじめとする人材を用い、享保の改革に取り組んだ。特にその後期には、産業の振興、「実学」の奨励が行われ、幕府と各藩の境界に商人の出資による「町人請負新田」の開発を勧め、それと引き換えに、商人が貢租の十分の一を投資の利潤として稼ぐことを許した。財政困窮を克服するために、商人の財力を頼まなければならなかったからである。また米価を上昇させることで幕府財政を安定させようとし、大坂の堂島米市場を公認した。甘藷、さとうきび、櫨《はぜ》、朝鮮人参の栽培などの新しい産業を奨励し、キリスト教以外の漢訳洋書も解禁した。各藩も積極的に幕府の改革を模倣し、各地の名産品の製造、商品作物の栽培も盛んになり、それを契機として農産品の加工業も発展した。総じて、徂徠の実学観が技術的な発展にも拍車をかけたことがうかがえる。

次に日本における実業の発展と幕藩二重権力体制との関係を見、それに対する荻生徂徠とその学統の「実学」の意味を考えてみたい。

2　実業の発展と幕藩二重権力体制――荻生徂徠と太宰春台の「実学」

日本における経済発展は、近世以前に遡ることができる。応仁の乱の後、およそ一世紀にわたる戦国時代に、大名たちは凌ぎを削って、領国を一つの経済圏とし、その振興に努めた。市場の開設、関所の廃止など交通制度の整備を行い、新田開発、鉱山の開発、城や城下町の建設、水利工事や灌漑などの事業を促進し、市場や町が飛躍的に増加した。それによって、農耕技術が発達し、肥料も徐々に普及し、水田のほか、乾田で小麦、大豆などが栽培され、町の近郊では野菜の栽培が展開された。例えば宇治地域でだけ植えられていた茶が、大和、丹波、伊賀、伊勢、駿河、武蔵などに広がっていった。農業技術の進歩に伴い、綿の栽培も三河から各地に拡がった。貨幣と武器の原料として鉱石が重要視され、戦国大名も積極的に鉱山開発を推し進め、採鉱技術と製錬技術が向上した。奥羽の金、対馬の銀などがよく知られる。

だが、徳川幕府の統治期に入ってからは、幕府の中央政権を強固にし、各藩を強く統轄することに力を尽くしたため、商品経済の発展に歯止めをかける方針に傾いた。とはいえ、参勤交代、兵農分離、本百姓制度、石高制などが施行され、それらの制度を実施するには商品経済が必要であった。こうして幕藩二重権力体制を維持するメカニズムによって商品経済の発展が促進された。幕藩二重権力体制とは、中央集権でもなければ、地方分権でもない。幕府は集権化を図り、諸藩は分権化を図り、その鬩ぎあいによって、久しく均衡が保たれていた。長らく封建制と呼ばれてきたが、領主が領地の実権を握るヨーロッパの封建制とも、中国の中央集権的な制度とも異なる。世界に類例がない制度であり、長く理解が届かなかった。

幕府は名義上、諸侯のうちの最大の一つで、天皇から将軍職を「委託」され、全国の統治を代行する役割だった。幕府の統治は、その経済、軍事などの勢力が他の大名をはるかに凌ぐことを前提に成り立つものであり、その維持が必須の条件だった。しかし、商品経済が益々発展すると、社会の財力は町人階級に傾き、幕府の統治の経済的基盤が危うくなりはじめた。幕府の当面の急務は財政問題の解決にあったが、何よりも全国的な統治権に陰りが生じることを防がなくてはならない。幕府は政治と経済の二重の難問を抱えていたのである。

荻生徂徠が、一方で幕府の権威を強固にする「先王」の道を唱え、他方で、商業の発展と妥協するような提言を行ったのは、まさに幕府が直面していたこの二重の難問に対応するものだった。そして、徂徠の弟子である太宰春台は徂徠の「実学」観を継承し、儒学の精髄が「性理」学ではなく、先王によって作られた「礼楽刑政」であると定義した。さらに発展させて、「仁」の根本が「事之功」であり、実行、実用などを重要視すべきだと提唱し、『経済録』（一七二九）などにおいて、商業を経済活動の基本的な要素と定義し、農業のように商業を受け入れ、商品経済を促進すべきと説き、新田開発、名産物と経済作物などの実業生産を奨励すべしと主張した。が、『経済録拾遺』（一七四三）では諸藩の富国政策を説くことに姿勢を転じ、その姿勢が、海保青陵に継承された。そして、有用性、実証性を重んじる徂徠の実学思想は、彼の孫弟子である青陵によって、「天理」を読み替え、さらに近代的な合理性を加えるものとなった。さらに、青陵が各藩国に「富国」を説き、武士の儲けを勧めるところまで進む土台となった、その後の諸藩の殖産興業と全国市場の展開を見ておきたい。

3　各藩の経済発展の中で

各藩も財政危機から脱出するため、領地内の生産を高めるよう一連の手段を講じた。領土内の名産物の生産、商品作物の栽培を促進したのである。松江重頼編纂の俳諧理論書『毛吹草』（一六三八年一月序文、一六四五刊）の第四巻には、全国の名産物が列挙してあるが、綿織物の産地は殆ど近畿より東の地区に集中している。ところが、一七三六年の「諸藩が大坂に運んだ各種の物品数量と金額勘定書」を見ると、綿製品は近畿より西に集中している。その百年の間に瀬戸内沿岸地区で綿製品の生産が急速に発展したことがわかる。享保の改革とそれに続く田沼意次の殖産興業、重商主義政策は、更に各藩に実業に積極的に取り組む機運を促した。徳島、熊本、会津、米沢などの藩政改革は、特産物を中心に殖産興業を進め、専売を強化した。土佐藩野中兼山の改革は新田の開発、殖産興業など農業振興を中心にして、その増収をはかった[10]。

このように各藩は特産物と商品作物の増産を進め、加工業を発展させるとともに、国産品の会所を設け、当地の事業家を保護、また統制し、藩札（藩が発行する紙幣）を発行し、専売会計を便利にするなど、全国市場に商品を流通させる工夫を重ねた。姫路の綿、徳島の染料、福井の生糸、布、綿、お茶など、すべて藩札を使用して決算を行っている。これにより、各藩の領主は、それまで江戸、大坂、京都の三都の商人に牛耳られていた流通機構から脱れ、地方領国と三都の間、及び中央市場を通さずに、地方領国間で直接、取引することも行われた。例えば三原の地酒の七〇～八〇％は瀬戸内海の各島で販売されている。

産地と消費地を直結し、各藩が専売制により財産の蓄積と手工業の興隆を図ったことにより、全国に地場産業が展開しはじめた。長州・四国の製紙業。郡上・桐生の生糸。彦根の絹織物。亀岡・姫路の綿織物。福山の畳。野田・銚子・竜野の醤油。播磨の三木・伯耆の倉吉・越前の武生・越後の三条などの鉄器加工。高松・鹿児島の砂糖などなどの特産品は、この時期に急速に発展を遂げた[11]。

ふつう、享保の改革は復古的理想主義、重農主義が特徴とされ、側用人・老中として田沼意次が権勢を奮った「田沼時代」には、商業資本を重視した経済政策に切り替えられたといわれる。だが、それは享保の改革後期に実施された「実学」の発展、殖産興業などが継続され、商品経済も一層の発展を見ていたことを基盤に、商業を盛んにすることにより、幕府の増収を図り、統治の基盤を安定させる方向に進んだというべきだろう。

4　江戸の実学の評価をめぐって

江戸時代の「実学」については、現実対応的な意味でのリアリズムの面が発展したことで諸家の意見は一致している。だが、朱子学との関連について、また合理主義への接近、自然科学的態度の発展をいう意見など、さまざまな傾向があり、議論が落ち着いているとは言い難い。それは「近代性」とは何を指していうのか、その定義にかかわる大きな問題であり、簡単に解決できる問題ではないだろう。ここでは議論の中身の整理を試みておくことにしたい。

日本思想史の全般に携わり、とくに江戸時代の「実学」を長く研究してきた源了圓は、江戸の「実学」の開始を、既存の思想や価値観に不満が感じられるようになり、大なり小なり、社会的価値の体系に動揺が起こったとき、新しい学問や思想を樹立しようとする側が社会の現実に即することをその正当性の根拠において用いたものという。[12] また鈴木貞美の『日本人の自然観』（二〇一八）においては、芭蕉の俳諧連歌や良寛の漢詩を中世的な花鳥風月詠の延長と見て、「実学」的世界の展開に対する反時代的営みと位置づけ、朱子学の本格的受容によって「自然科学的思考への大きな刺激」がもたらされ、「『自然』を自然物を自然物たらしめている原理としてではなく、あくまでも『自然物』として理解する」態度が生じたという。それを基盤にして「経験合理主義」と「情の肯定・誠の倫理の主張」が生じ、江戸中後期に、荻生徂徠の「自然」から「作為」への思想、安藤昌益のユートピア的「自然真営道」、三浦梅園の「条理」という観点からの壮大な宇宙哲学の形成、また蕪村の俳句に見られるような景物の繊細な観察と抒情性との結合や、円山応挙、司馬江漢、若冲らのそれぞれのリアリズム、池大雅、浦上玉堂、田能村竹田ら文人画における「自然の理想化」等々、さまざまな自然観が生じたことをいい、それらを総じて、リアリズムへの接近と総括している。[13]

朱熹が観察を重ね、『朱子語類』で水蒸気の循環を説いたことは、寺島良安『和漢三才図絵』（一七一二）の「天」の部に紹介され、それは、江戸時代後期にベストセラーになった鈴木牧之の『北越雪譜』（一八三七）の冒頭に引用されている。[14] 総じてそれらを自然科学的態度の拡がりということはできるかもしれない。だが、『朱子語類』における水蒸気の循環論は、陰陽説の枠内で論じられている。つまり朱熹の説いた「格物窮理」の姿勢は、伝統的な陰陽五行説の枠内にとどまるものだった。[15] はたして朱子学が「自然科学的思考への大きな刺激」としてはたらき、江戸中後期の「実学」の展開を準備したといえるだろうか。

これまでに論じてきたように、荻生徂徠と彼の弟子である太宰春台、孫弟子である海保青陵、及び江戸後期に活躍した経世思想家たちの「実学」観が、朱子学の「天理」に立つ道徳主義を否定することにより、現実性を尊重し、実用性を重んじる態度に転換したことは明らかである。学問の実用性を強調した思想家たちが、当時の社会的趨勢の前に、儒学に伝統的な「抑商」政策を破り、商品経済の発展に道を開いたことはまちがいない。徂徠とその学統は、当時、商品経済の発展を阻止しようにも阻止できないほどの勢いに直面し、社会問題を解決するための「実学」としての「経世済民」を提唱し、実際、徳川幕藩体制を堅持しながら経済を発展させるという、いわば微妙なバランスをとることを志向していた。

江戸時代中後期の「実学」の背景として、産業の発展と技術改良が進んでいたことがあげられよう。江戸前期からの産業の進展とそれにともなう学問の動きを見ておきたい。江戸前期の安定期には、農耕、生産が順調に進んで、それにつれて技術も大幅に向上した。鉄製の農具である深耕用の備中鍬、脱穀用の千歯扱が工夫され、選別用の唐箕や千石どおし、灌漑用の踏車などが発明されてきた。しめ粕、油粕、糠などが金肥として普及した。それらと同時に、絹、棉などの生産、金、銀、銅、鉄などの採掘、製錬などの技術も高まった。そして、これら産業技術を系統的に論じる著作も出た。

十七世紀前半にまとめられたと見られる伊予国宇和郡の武将、土居清良の一代記『清良記』には、一五六四年正月、領内の農巧者である松浦宗案を城に呼び出し、宗案からおこなった聞き書きと問答が「第七巻農書・親民鑑月集」に収録されている。ここには新しい栽培技術や農業知識が見られる。そして、十七世紀末には最初の体系的農書として宮崎安貞の『農業全書』が著され、その後、大蔵永常の『農具便利論』『広益国産考』も次々と刊行された。そのような技術に関連する天文、数学、測量、漢方薬などを「自然科学」的といい、西洋医学、薬学、植物学などから成り立った西学（蘭学）とを併せて「実学」と呼ぶこともできるだろう。それゆえ韓東育は江戸時代に二つの実学があると述べた(16)。

だが、近世に日本内部でうまれた生産技術などは、まだ近代的といえるような体系を形成していなかったし、外来の蘭学が近世の「実学」志向を育てたわけではない。日本の江戸時代の科学史を掘り起こした三枝博音は、その『日本の思想文化』（一九三七／改訂版一九四二）において、蘭学受容の知的基盤として、江戸中期に「開物成務」（事物を開発して事をなすの意）の精神が成長しはじめたことを指摘し、物に即して考える態度が出はじめたという。この指摘は見過ごせない。[17]

「開物」は、もとは『易経』「繫辞伝上」に、天地が秘めているものを明らかにする「易」の目的をいう語で、中国では明代末に、下級官僚だった宋応星による産業技術書『天工開物』（一六三七）がまとめられた。そこには南米産の農産物まで掲載されている。中国では、十六世紀にポルトガル人が澳門に居留地を得、清王朝はイエズス会の宣教師から西洋の学術（地理・数学・天文学）や技術を積極的に導入した。宋応星の『天工開物』も、その機運を受けて記されたものといってよい。だが、中国では散逸した。ところが日本では十八世紀に和刻本が出ている。マテオ・リッチに洗礼を受けた徐光啓の『農政全書』（一六三九）は、それを参照した宮崎安貞の『農業全書』（一六九七）を生み、そして儒者、皆川淇園が独自の「開物学」を名のったのである。相良亨の『日本の思想』（前掲書）も、近世中後期の儒者、皆川淇園や横井小楠の「開物」「開化」思想が「実学」への志向を育てたことを的確につかんでいる。[18]

江戸中後期に、殖産興業の機運のなかで育てられた「実学」志向は、蘭学受容の基盤にはなった。だが、蘭学は殖産興業を促したわけではなかった。十八世紀のうちにロシアの南下の動きに備える国防論、『海国兵談』（一七八七～九一刊、発禁）を著した林子平も諸藩の富国策を説いたが、そのふたつは関連づけられていないといわれる[19]。江戸後期に幕藩体制を超えて統一国家としての日本の取るべき政策を展開したのは、本多利明（一七四三～一八二一）と佐藤信淵（一七六九～一八五〇）の二人に絞られる。本多利明は江戸で、算学、天文、測量に関する私塾を営むかたわら、『西域物語』上中下（一七九八）で西洋諸国の事情を理想化して描き、『経世秘策』上下（一七九八）では、貿易立国を説いた。『経世秘策』は、今日では知られているが、十九世紀末に地理学者の吉田東吾がその著作のなかでふれ、二十世紀に入って狩野亨吉が研究の対象にするまで、ほとんど忘れられた存在だった。佐藤信淵が『混同秘策』（一八二三）で、絶対主義統一国家論と世界征服論を提唱したことは、戦中期に喧伝されたことがあるが、信淵の政治姿勢は二転、三転し、その思考の「科学性」については疑問視される。

本多利明に測量術を習った弟子たちは、諸藩につながりがあったらしいが、実利・実用の学問、すなわち技術の習得を別にすれば、蘭学は、幕府や藩で天文学や医療に携わる者を除けば、そして十九世紀に入れば地方都市の町人たちのあいだにまでかなりの拡がりを見せたものの、やはり好事家の趣味の集まりという性格を帯びていたといってよいようだ。[20]

それに比べると、海保青陵の書物は、たとえば長州藩の改革指導に参照された跡がある。[21] 海保が蘭学を学ばなかったことも、本多利明と対照的である。

つまり、江戸中後期に高まった「実学」志向は徳川幕藩体制を支える「経世済民」の学と、新田開発や鉱山開発など生産技術の改良にとどまり、自然科学の探究には向かわなかったと結論してよい。

二、近世中後期の公害問題

近世中後期、幕府は財政赤字を回復するために商品経済の趨勢に順応し、「実学」を奨励、享保の改革後期に殖産興業の機運を興し、田沼時代には重商政策がとられた。各藩も積極的に新田開発、殖産興業に励んだ。だが、新田開発や無理な水路の掘削、鉱山開発は環境・生態系を破壊し、洪水の多発や水質汚染などを呼び起さずにはおかなかった。直接・間接に地域住民に被害がおよび、農民一揆などの反発も続発するようになっていった。

それらの被害および農民の反発を経済学者、安藤精一が丹念に掘り起こし、『近世公害史の研究』（一九九二）にまとめたが、それによると、陸奥・出羽（銅山）、岩代（硫黄）、陸中・下総（悪水）、上野・下野・常陸・信濃（陶器窯）、飛騨（鉱山）、越前・越後・大和・播磨（鉄砂、銅山）、摂津・河内・和泉（産業）、紀伊・因幡・伯耆・備前・備中・美作（以上、濁水）など全国各地に及ぶ。

ただ、新田開発や鉱山開発はさほど大規模な被害を呼ばなかった。それゆえ、一揆なども散発的で大きな騒動にはならなかった。当該諸藩によって、代替地の提供などの補償や鉱山事業の休止など、比較的穏健な対策が講じられたためという。安藤精一は、その著で多くの藩儒が陰陽五行説により、その循環に変調をきたしてはならないと口ぐちに唱えたことも紹介している。とくに岡山藩の藩政改革に携わった熊沢蕃山が『大学或問』（一六八六）や『修義外書』（一七〇九）などで、新田開発や鉱山開発に反対し、山林の伐採により天井川の川床が高くなり、洪水が多発することなど治山治水に及ぶ考えをとりあげ、山林破壊も「公害」に加えている。また陸奥国・八戸の医師で、『自然真営道』（一七五三）を著し、農業中心の無階級社会の理想を説いたことで知られる安藤昌益の『統道真伝――糺聖失』（一七五二ごろ）を鉱山開発の公害を最も体系的に論じた書と評している。安藤昌益は、山から金属を掘り出し、金銀銭を流通させることは〈大いに自然ヲ失ル〉ことと述べ、それをはじめた「聖人」を非難しているところが引用されている。

その中で、海保青陵一人だけが、新田開発をすれば、必ず被害が下の田に及ぶとしながらも、被害と収益を天秤にかける考え方を示しているのが目立つ。海保青陵は『海保儀平書』中「或問」

でゴミ公害について述べている。「或問て云、当初の大河二条あり、犀川・朝野川也、川上に水害ある如何、此禍を除く法ありや」と設問し、「川下埋る故也」と答え、河村瑞賢の「川中に島出来れば川上は洪水也、されども大方は島出べし」という言葉を引いて、「今は淀川の下に島出来て、安治川口せまふなれり、さて年々の様に洪水にて川上に水害多し」といい、淀川では近年、「御世話ありて」「川口の沙ざらへといふことを仰出」られたという。川端に禁札を立て、芥を川へ捨てることを固く禁止したことを紹介したのち、青陵は、この質問に対して、「芥をば川へすつることを禁ぜられて、芥舟を浅野川の下の舟渡の辺へつけて、この舟へ銭をつけおくる様に仰出されて、其芥を下へさげて湖水へ捨てさすべし」という。そうすれば川口は埋まらないと答えている[22]。

海保青陵には、徂徠からの「実学」観が太宰春台を経てバトン・タッチされていた。安藤精一の研究によると、経済行為による公害問題は、日本近世社会では特殊な事例ではなく、全国各地で一般的に見られたという[23]。市場経済が拡大、展開し、その結果が農民を含む全階層に及んだことが窺えよう。実際に幕府が交易を通じて重金属、通貨をたくわえ、実学と実業を提唱し、各藩が様々な特産物の栽培や加工業の発展を促進した。その現状に鑑み海保青陵は、実学に立って現実性、実用性を重んじ、藩の統治者である諸侯は「富国」をもって財政収入を増加すべきであり、武士が商業に参加すべきであると主張したのである。公害問題に対しても経済合理主義を根底にして、新田開発からの被害と経済的収益とを秤りにかけて考えた。海保青陵の政策は、あくまでも藩のためのものであり、石高制の枠を破る考えはなかった。その点で、ヨーロッパの資本主義経済運営、近代国家の政策としての「重商主義（mercantilism）」とは全く性格が異なる。また、藩のために武士が金儲けをすることを提唱したのは、一種の「公」のためであり、私利私欲を増大させることを奨励したわけではない。日本は近代に入って国民国家となり、資本主義が発展するが、その「資本主義の父」と呼ばれる渋沢栄一によって提唱された経済倫理思想も、「公益」を根底に置いたものであり、国家・社会のための金儲けだった。そこに特徴があり、その点に日本近代経済倫理思想の根本的な姿勢が窺われよう。

三、まとめ

中世からはじまる新田開発などは、江戸中後期に至って各藩における特産物の専売制の実施や各地を直接結ぶ商業ネットワークの形成が見られるほど、日本人の経済生活を変貌させていた。十八世紀のうちに、このような形態の全国市場が生じたことも、江戸時代の幕藩体制が生んだ日本に特殊な現象といえるのではないだろうか。むろん、それは近代に入ってからの日本資本主義経済を準備するものだった。

江戸後期の経済状態についての研究、伝統経済史学では、江戸中後期の経済は「停滞」期にあるとされてきた。耕地面積の拡大が漸減期に入り、技術のレベルが低く、一人当たりの収入が減少したと指摘されていた。そのような見解は、高橋亀吉編の『日本近代経済形成史』（一九六八）、児玉幸多『近世農民生活史』（新版二〇〇六）などに見られる。

実際に、「天下分け目」といわれた関ヶ原の戦が行われた一六〇〇年から、各地で沖積平野の開拓が進み、耕地面積が二倍以上に拡大した。これには灌漑技術の発達と牛馬による農耕の拡大が伴っていた。農業生産力の増大と商工業の発達とは、手を携えて進んだことがわかる。だが、一七三〇年ころに耕地面積の拡大は頭打ち、というよりむしろ漸減期に入り、再び拡大期に入るのは一八〇〇年代である。また、商品経済の発展は幕藩体制の封建的経済基礎を弱め、社会情勢が不安になった。特に江戸後期は武士層の困窮、幕藩の財政難、社会問題および天災の頻発などからみると、たしかに「停滞」期に見える。

ところが、そののちに発展した日本数量経済史、言い換えると新経済史の学者の見解はまるで異なっている。一七三〇年ころ、吉宗の享保の改革が後期に入るころ、耕地面積の漸減期に実収石高の飛躍的向上が始まっている。この傾向は、そののちもつづき、明治維新後には実収石高の増加が始まるという。[24][25]その間、人口は増加しつづける。

この現象を明らかにした速水融は、人口学に基づいて徳川時代の人口、耕地面積と生産量などの数字を分析し、中世末期に幾つかの地域に経済社会の現象が生まれ、徳川時代に経済社会が成立し、江戸後期に大きく経済発展することを認めた。[26]農業技術には干鰯など「金肥」の導入は見られるものの、家畜の飼育は運搬用を除けば、つまり農耕用にはむしろ減少することを勘案して、生産活動に人間諸力を集中することによる生産性の向上と見て、西欧近代の「産業革命」(Industrial Revolution) に対して「勤勉革命」(Industrious Revolution) と呼んだ。「産業革命」が主に蒸気機関の改良によってなされたことに対して、一種の精神革命であったことを強調したことになる。そして、それが余暇の増大を生み、民衆のあいだの出版文化などの隆盛を伴っていたことも指摘している。それゆえ、経済的な活動が日々活発になり、勤勉が倫理的風潮になり、経済行為と文化形態に近代的産業化の必要条件がそなわり、経済社会の成立に重要な基礎を築いたと論じている。[27]公害問題が発生したのも、このような実業の発展と経済の実態によるものだった。

確かに、江戸中後期は、日本経済史における鍵をなす転換期だった。商品経済が拡大し、農村を含む全階層に流れ込んだ。享保の改革後期及び田沼政権の時期に、幕府の政策は殖産興業を重んじ、実学を提唱した。このあいだ幕府から諸藩までは実業を振興し、経済の発展を進めていた。寛政の改革では幕府の政策は封建的中央集権を強固にするため、小農経済を維持して商品経済の発展を阻止する復古政策を行ったが、幕藩体制は二重構造であり、諸藩は実業発展に伴い、遠心力を形成しつつあり、実業・商業は発展しつづけた。そして長州藩などの西南雄藩はこの間に経済力を増強し、幕末に倒幕と維新の根拠地になったのである。

いわば日本全国に近代経済社会の基礎のひろがりがつくられたのは、江戸中後期における殖産興業と市場経済の発展による。それは儒者のあいだに天然から産物を取り出す「開物」思想への関心が広まったのと併行していた。農政に携わった宮崎安貞が中国の最新の農書『農政全書』(徐光啓、明代一六三九刊)を参考にしながら農業技術書『農業全書』(一六九七)を刊行するなど実用のための学問の動きが伴っていた。中国からもたらされた李時珍の『本草綱目』(一五九六ごろ)のような図鑑類、またオランダから到来した植物図鑑に刺戟され、吉宗は各地の薬草の調査を命じた。そこから民衆のあいだに動植物全般への関心が拡がった。今日、江戸の「博物学ブーム」と呼ばれている。[28]また、紀行文が様変わりし、風景や地方色の描写が各段に詳しくなることも指摘されている。清朝考証学の影響は、地誌への関心に向かい、各地の案内記の記述をより詳しくし、事物起源をさぐる考証随筆のブームも生んだ。[29]総じていえば、享保の改革期頃から、民間にも実証的な態度が育っていったことが認められるだろう。徳川幕藩体制下の百五十年余りのあいだに、産業経済とともに日本の文化全般にわたって大きな様変わりが生じていたことが今日、明らかにされてきている。その経済的・文化的変化の上にこそ、明治近代の歩みがはじまったのである。

渋沢栄一が「論語と算盤」という儒家経済倫理思想を確立し、次代に大きな影響をもたらしたが、それは近代に入ってから急速に実現したわけではないし、また、一人、渋沢栄一という個人に帰しうることでもない。儒家経済倫理思想は、徳川幕府成立期の賤商・抑商の考えによる四民秩序の建設期から、江戸中後期の長い間をかけて、経済と組み合わされ、興利・重商的方向に変じていった。そのなかにあって、ターニング・ポイントになったのは、荻生徂徠の「実学」観だったといってよい。その学統が一世を風靡したことからも、これは疑えない。が、しかし、それも太宰春台の殖産興業政策論と並んで、服部南郭校訂の『唐詩選』(一七二四)が町人のあいだにブームを引き起こしたことと相まっていえることであろう。

渋沢栄一の「論語と算盤」に示された日本独自に展開した経済倫理の前史を探ってきたが、江戸中後期の経済倫理思想は政治思想と経済問題に跨がる問題であるだけに、幕藩体制から、産業と商業の展開について、これまでの学説を見直すことが必要だった。さらには儒学思想の根本的な方向転換ともいうべき荻生徂徠の「実学」思想を取りまく時代状況へと考察は拡がったが、まだまだ考慮に入れなくてはならない事柄は多いということが痛感される。

それを肝に銘じて、いよいよ渋沢栄一の経済倫理思想に踏み込んでいきたい。

▼注

(1) 源了圓『実学思想の系譜』講談社、一九八六
(2) 三枝博音『日本の思想文化』中公文庫、一九六七
(3) 鈴木貞美『日本人の生死観――いつから日本を愛していたか』作品社、二〇一八、第九章を参照。
(4) 同前、序章を参照。
(5) 朱熹「中庸章句序」『四書章句集注』所収、上海古籍出版社、二〇〇一
(6) 島田虔次編『荻生徂徠全集（一）・学問論集』みすず書房、一九七三、四三二ページ
(7) 吉川幸次郎、丸山真男、西田太一郎、辻達也校注『日本思想大系三十六・荻生徂徠』岩波書店、一九七三、一三ページ
(8) 同前一四ページ
(9) 相良亨『日本の思想――理・自然・道・天・心・伝統』ぺりかん社、一九八九、一二六ページ
(10) 速水融、宮本又郎編『日本経済史（一）・経済社会の成立――十七～十八世紀』岩波書店、一九八八、二四二ページ
(11) 同前二二三～二二四ページ
(12) 葛栄晋編『中日実学史研究』中国社会科学出版社、一九九二、二〇五～二〇六ページ
(13) 鈴木貞美『日本人の自然観』前掲書、一〇一～一〇二ページ
(14) 鈴木貞美『生命観の探究――重層する危機のなかで』作品社、二〇〇七、二七七ページ
(15) 鈴木貞美『日本人の自然観』前掲書、第四章を参照
(16) 韓東育「両種〝実学〟的相過与江戸日本〝去中華〟的由諸」『社会科学戦線（八）』所収、社会科学戦線雑誌社、二〇〇八
(17) 三枝博音『日本の思想文化』前掲書、二六〇ページ
(18) 相良亨『日本の思想――理・自然・道・天・心・伝統』前掲書、一二三～一二六ページ

(19) 塚谷晃弘「本多利明」『日本思想大系四十四・本多利明・海保青陵』所収岩波書店、一九七〇
(20) 鈴木貞美『日本人の自然観』前掲書、第九章を参照。
(21) 塚谷晃弘「江戸後期における経世家の二つの型」『日本思想大系四十四・本多利明・海保青陵』所収、前掲書
(22) 安藤精一『近世公害史の研究』吉川弘文館、一九九二、三七八〜三七九ページ
(23) 同前三八三ページ
(24) 農業生産物全般を石高に換算。
(25) 速水融、宮本又郎編『日本経済史（一）・経済社会の成立——十七〜十八世紀』前掲書、五八〜五九ページ
(26) 同前、第五章を参照。
(27) 同所
(28) 西村三郎『文明のなかの博物学——西欧と日本（上・下）』紀伊國屋書店、一九九九
(29) 鈴木貞美「『日記』と『随筆』——ジャンル概念の日本史」倉本一宏監修『日記で読む日本史』所収、臨川書店、二〇一六

第六章　近代的経済倫理思想の発展——渋沢栄一を中心に

一、渋沢栄一の生涯

渋沢栄一は、一生のうちに農民、志士、幕臣、明治政府の役人、民間企業家、社会活動家とさまざまな履歴を経て、豊富な経験を積んだ人物である。明治政府の役人であった時、彼は明治初期の日本社会の改革に参加し、さまざまな提案を行った。企業家としては、約五百余りの企業の設立に参加し、その活動は、ほぼすべての経済領域に及び、近代日本の産業化の実質的な指揮者、指導者であったといっても過言ではない。社会活動では、孤児院から国際交流の社会公益事業にいたるまで、直接、間接に、参加したり支援したりしたプロジェクトは六百余りに及ぶ。

渋沢は一八四〇年、武蔵国榛沢《はんざわ》郡血洗島《ちあらいじま》村（現在の埼玉県深谷市血洗島）の藍玉製造販売などを兼営する裕福な農家に生れた。五歳のころから父親に、ついで従兄の漢学者尾高惇忠について四書五経や、幕末に武士のあいだに尊王精神を盛んにした頼山陽の『日本外史』などを学んだ。そののち、中国古典を中心に庶民に漢籍を教えた幕末の大儒といわれる海保漁村（一七九八〜一八六六）の門下になった（漁村は海保青陵と直接のつながりはない）。

渋沢栄一は十四、五歳の頃から家業を手伝い、十六歳から父親に代わって藍葉の仕入れに出かけるようになり、商業意識に目覚め、商才を発揮しはじめた。一八五〇〜六〇年代、日本の歴史の動乱期に若くして活躍を開始したのである。

尊王攘夷運動に刺戟を受け、二十三歳の時、高崎城乗っ取りや横浜の外交施設の焼き討ちを計画したが、同志の諫止によって中止し、父親から勘当されるかたちで京都に遊学する。翌年、知人の推挙によって一橋家に仕え、一八六六年、一橋慶喜が将軍となったため、はからずも幕臣となり、最後の将軍、徳川慶喜のもとで財政と税制改革などに参画した。動乱期に日本の将来を見据える立場につくことになる。

一八六七年、パリ万国博覧会に使節として派遣された慶喜の弟、昭武に随行し、フランスに一年余り滞在した。西欧を視察する機会に恵まれ、ヨーロッパの近代資本主義の先進技術及び大規模に農工業を経営する生産方式を詳しく見学し、さまざまな知識を身につけた。一八六八年、明治維新直後の日本に帰国し、旧幕府が本拠を置いた静岡で半官半民の株式組織の商事・金融会社「商法会所」などを試み、その才能が明治政府に認められることになった。一八六九年、大隈重信に説得され、大蔵省租税正（財政部の租税事務の役人）に就任し、東京に移住した。一八七三年五月に退官するまでの三年半の間、官営富岡製糸工場設置や租税制度、貨幣・銀行制度、度量衡制度の改革などに着手し、大蔵少輔事務取扱まで昇進したが、予算案編制をめぐって大久保利通大蔵卿らと対立して、辞任した。翌年の六月、指導していた第一国立銀行の開行に伴い、総監役に就任し、一八七五年に頭取になった。その後、日本の金融事業全般にかかわり、多くの国立銀行、専業銀行、普通銀行を設立、銀行業界に「拓善会」(後の東京銀行集会所）という組織をつくり、後に会頭となり、一九一六年、実業界から完全に引退するまでその地位にあった。金融業以外にも、民間に工商業を振興するために活躍し、製糸・紡績・織物・製紙・鉄道・海運・麦酒・人造肥料・ホテル・保険などという重要産業の創業・発展を育成指導し、大きな役割を果たした。渋沢によって発起・創立・後援などされた経済関係の事業は五百有余に達するといわれ、土屋喬雄は「明治後期に至るまでのわが国の重要産業の企業の創設には、渋沢の指導あるいは関与せざるものは少なかったといっても過言ではない(1)」と述べている。

渋沢栄一は生涯を通して『論語』を信奉し、公事、私事に拘りなく、すべて『論語』の精神を根拠として活動した。彼はいつもポケットに一冊の『論語』を入れていたと言われる。渋沢は家で『論語』の学習会を開き、社会の各種論語研究活動を支援した。彼の収集した各版の『論語』は、今日まで東京都立図書館に残されているものと青淵論語文庫とを合わせると二百四十三種、千冊にも上り、現存する最も完璧な論語解釈本の集成といわれる。渋沢は「論語と算盤」を主題とし、徂徠流に古典儒学を解釈しなおし、日本近代的資本主義の経済倫理思想を確立した。

その思想文化史的背景としては、渋沢栄一個人もその指導を受けた層もそうだが、明治前中期の民間の指導層――江戸後期の農村庄屋層、富裕商人層など――には、幼児期からの『論語』の素読が習慣化しており、朱子が編纂注記した四書五経を身につけることが浸透していた。また知識層に、江戸時代中期に一世を風靡した荻生徂徠の古文辞学派の学統が活きていた。幼児には幼児に適した教育をすべきだという教育理念が庶民にまで浸透してゆくのは明治中後期のことである。また資本主義が社会の隅々にまで浸透してゆく明治後期には、青年たちに精神的動揺が起こり、それに対して伝統思想の価値の見直しがさまざまに起こったことも関係しよう。

二、渋沢栄一思想における徂徠学の影響

明治初期から大正期にかけて官僚、実業家として活躍した渋沢栄一は、明晰かつ敏感な頭脳によって日本における産業、資本主義経済の育成に学者や思想家よりも、直接関与した人物である。彼のさまざまな演説、講演、談話などの内容は日本の近代的経済倫理思想の形成に極めて重要な影響を与えたと思われる。

まず、渋沢栄一の思想の基本的な骨格をそれらから再構成してみたい。渋沢は、「君臣の観念を重んずるのは、日本の最もよい処である[2]」と述べ、自らが国家の「臣」の立場であることを強調した。「臣」であるからこそ、政府の考えや、やり方に反対することができると主張したのである。

この「臣」という概念は、明治期には国民一般に用いられるようになったが、江戸時代には、幕臣や家臣というように用いられたもので、元々儒学の「君臣」に発する概念である。そこで、彼の思想がどの儒学の影響下にあったのかについて考える。渋沢栄一は若い頃に、水戸学を修めたという。水戸藩では、明が滅んだとき、明朝再興をはかった鄭成功（一六二四〜一六六二）とともに活動しそののちに、一六五二年に日本に亡命してきた朱舜水（一六〇〇〜一六八二）から、水戸光圀（一六二八〜一七〇〇）が「二君に仕えない」忠義の精神や、詩文に古典復興を図る明末の古文辞派の動きを聞き知り、南北朝の騒乱に南朝の正統性を論じた北畠親房の『神皇正統記』

を尊重する精神に立って『大日本史』の編纂事業に着手した。また徂徠学を中心とした古文辞学の影響も受けていた。後期水戸学を代表する藤田東湖らは幕末には尊王攘夷派の先頭に立ち、徳川斉昭のブレーンとなり、明治期の「忠君愛国」思想、国粋主義の源流のひとつになった。渋沢栄一はこの日本的儒学の流れに立っていたので、尊王攘夷運動に刺戟されたのである。

渋沢はまた、陽明学の「知行合一」即ち知識と行為が一体であるということについては賛同するが、(3)王陽明が強調する「心」(情)や「未発の中」の議論は管見の限り水戸学には存在しなかった、と述べている。陽明学の「我」の独立を強調する唯心論的傾向をもつ議論は、維新期には自由民権運動の原動力のひとつとなったが、渋沢は思想的にも政治的にも、民権派とは対立する立場であり、陽明学の全体が渋沢の思想に影響をおよぼしたことはなかったと考えてよい。また、仏教の修行のひとつであり、禅宗の修行の中心をなす禅、すなわち「静坐」の習慣も渋沢は身につけていなかった。

さらに、朱子学と陽明学の共通項目である「太極」の概念や宇宙論、窮理の姿勢自体が渋沢には見られない。徂徠は朱子学を官学の地位から退けることを目的としていたわけではないが、朱子学や陽明学に対しては批判的なことが多い。全体として、渋沢の思考は、形而上学を退け、政治、社会論的な理論を好む徂徠学の思想に近いと考えられる。

徂徠学の独特の考えを渋沢が受け継いでいる例がいくつか見いだせる。徂徠は朱子学の「天」を不可知とし、「けだし先王の道は、みな術なり。……後世に詐術盛んに興るに及んでのち、道学先生はみな術の字を諱む」(4)と述べているように、古典儒学の経験的な「術」に帰ろうとした。渋沢も「余の性質は物の要領を得ることを好む」(5)と述べ、『論語』の説く「物の要領」をつかんで実際におのおの場面に具体的に応用することを説いた。この点でも、渋沢の思想は徂徠学とつながっていると考えられる。

そして、徂徠は、

仁は心の全徳たり。故に義礼智信を兼ぬ。……仁なる者は徳なり、いはんや理をや。(6)

と述べている。仁を、他の徳を一つにまとめる最も重要な概念と考える。これは朱子学だけでなく、陽明学の「仁は是れ造化の先生として息まざる理なり(7)」や「仁義礼知は性の性なり(8)」という考え方とも相容れない。そして徂徠は、全ての立論を「民を安んずる」即ち臣民を安心させる実践的な「経世」の学とする。渋沢は、孔子の「仁」について、

このゆえに孔子は仁を以て、一面倫理の根本とせられたると同時に、他の一面においては政治の本義とせられたり。王政王道もつまり仁から出発したものである。(9)

と述べている。孔子の「仁」を「倫理の根本」であると同時に「政治の本義」と解釈している。この「仁」の理解は、徂徠のそれと同じであり、その影響を受けたものと推測される。総じていえば、形而上学を嫌い、すべて現実的・客観的な存在や事実に立って発想し、現実性と実用性を重んじていた渋沢の立場は、徂徠学派と同様、儒学の「経世済民」という実践性を重んじたといってよい。渋沢は、こう述べている。

経世済民を以て我が天職なりとする儒者を指して君子儒と称し、文芸を講ずるのみをこれ事とする儒者を指して小人儒とする……我が邦にてまず第一に君子儒と称すべきは、新井君美（白石と号す）である。君美は徳川六代将軍家宣に仕えた人で、幕政に献替しその幣制改革について功労ありしことは人の知る所なり。(10)

このような言にも、渋沢が現実的・実践的な「経世の学」に立つ徂徠系の儒学の性格を身につけていたことは明白であろう。

三、歴史的背景

一八五四年、日本は西洋の圧力に屈して開国し、歴史的な意味での近代段階に入った。巨艦と大砲をはじめとする西洋文明の威嚇の下で、日本は破滅の運命を逃れるために、「文明開化」のスローガンを掲げ、西欧文明に追いつくことを目指し、近代資本主義社会の仕組みを積極的に導入した。「近代資本主義」は、西洋に端を発し、十八世紀への転換期を前後する時期の産業革命による科学技術力とともに世界中に広まったものである。極東の島国である日本においては、ペリー来航にはじまる鎖国時代の終焉、いわゆる「開港」に伴い、西洋諸国との交易を盛んにし、資本資源の乏しいなかで西洋列強に伍して国家の独立を保つには経済力をつける以外にはなく、資本主義の仕組みを輸入し、独自に発展させてきたのである。換言するならば、日本における近代資本主義の形成は、国内で自然に発生した社会体制ではなく、西洋諸国との関係において輸入せざるを得なかったものであり、それが当時の国内情勢に合わせて独自の発展を遂げてゆくのである。だが、当時の日本の経済の直接の担い手である町人には、「西洋に対抗する」という意識があったとはいい難く、いわゆる商人や労働者の側から自然に近代資本主義が発生するような状況でもなかった。それゆえ、「上から」西洋諸国の技術と制度を学び、近代資本主義の産業・経済を育成するしかなかった。明治維新政府においては、「富国強兵」を最大の目的に「殖産興業」政策が行われ、また前近代的な風習や風俗を払拭する「文明開化」のための政策が採られた。これらは全て、西洋に対抗することを目的とした近代化（西洋化）である。つまり、日本における近代化は国民生活から自然発生的に起ったものではなく、「上から」、すなわち幕府を倒し、為政者の側についた者たちから起こされた「改革」であった。

したがって、政府の主導の下で、日本における西洋文明は小川のような初期の流れから次第に大河のような大きな流れに変わり、全国へとひろがっていった。徳川幕府の時代から、とくに吉宗が解禁して以降、日本の知識層はキリスト教を除いてオランダ語の論著を受容し、十九世紀に入ってからは地方都市にも蘭学の知識が及ぶようになっていた。開国通商後の日本では、中国の香港・上海を経由して、漢訳されたものをふくめ、西洋の先進技術、文化、とくに世界に冠たる大英帝国のそれを学習することが盛んになった。西洋の医学、天文学、兵学などの実用的なものから、西洋の人文、社会などの思想・文化方面のものまでもである。次代を担うエリートの卵である中学生の中から漢文とともに英語の読み書きに通じ、フランス語、ドイツ語などの西洋の著作を翻訳できる人材がその機運に応じて登場した。

日本は先進的な科学技術、制度および思想学習など西洋学に憧れ、人文社会科学的方面を幅広く学んで吸収していくと同時に、経済制度につながる思想学習体系をも導入した。イギリスの自由主義経済思想が近代市民社会の精神的支柱とされ、日本社会および思想界で啓蒙運動を引き起こした。それ以前、絶対主義の時代には、国家が貿易などを通じて貴金属や貨幣を蓄積することにより、国富を増大させることを目指して商業貿易を重視する重商主義《マーカンティリズム》（mercantilism）の政策が採られたが、当時は、国家が市民社会に介入しない、すなわちコントロールしない自由・放任の経済行為が提唱されていた。

明治期の日本においては、まず政府が商業と貿易を重要視する政策をとったが、すでに江戸後期には藩同士の通商が盛んになっており、その政策が全国的に円滑に受け入れられる素地となった。

日本は軍事的に弱く、資本主義が成熟した西洋の先進国と自由、平等な貿易を行う立場にはなく、幕末に徳川幕府が列強諸国と、関税などについて不平等な条約を結ばされていた。それを対等な条約に改正することは、明治国家の大きな目標のひとつになった。そのため、日本が文明国であることを示すために、政府は外交官などに洋風の習慣を身に着けさせることを急務とし、一八八〇年代後半には表面だけの急激な欧化を急ぎ（鹿鳴館外交）、民族独立の気運が育てた近代的な民族主義者から強い攻撃を受けた。

このように「文明開化」は紛れもなく矛盾と苦痛に満ちていた。明治維新は王政復古を掲げて成し遂げられた。しかし、その中で目指された第一義的な目標は、近代国民国家（民族国家）の確実な基礎を築くことにあった。帝国憲法と教育勅語を発し、天皇制政権を民族の「伝統」に根差したものという理論化を行い、国際的にも唯一の「万世一系」の王権として打ち出した。つまり、日本の近代化は、イギリスやドイツに対抗しうる新しい王権と皇国とをつくりあげることにあり、キリスト教の「天賦人権」による自由主義経済思想とはかみあわなかった。

日本における近代的要素の受容は伝統的文化に対して衝撃を与えた。欧米などの先進国の発展を見本とし、日本に適したモデルを築くのに時間を要した。明治初期、「明六社」を拠点とする啓蒙思想家は西洋の文化を大量に導入し、主にイギリス・フランス系の「天賦人権」説や実証主義と進化論、イギリスの功利主義、フランスの「社会契約論」、ドイツの「立憲君主制」などにより、儒学を主とする封建的イデオロギーを全面的に批判した。近代化過程の最初の段階において、日本の一部の学者は、それまで主流であった儒学が封建的統治を守り、人々の思想を拘束するものだとして主要な攻撃対象とした。紀元五世紀に日本に伝わってきた儒学は、千年余りの積み重ねを経てすでに日本化され、日本社会の各方面に全面的に浸透し、文化的心情と民族精神を形成し、日本の特色を有する伝統文化になっていたからである。西洋の先進的な科学・文化思想を導入しようとする明治期の一部の近代啓蒙思想家、福沢諭吉、西周などは功利主義、個人主義、自由思想と快楽説などの提唱に力を入れ、「私益」の重要性を積極的に肯定した。たとえば、福沢諭吉は私利が公益の基と言い、西周も公益は私利の和と言った。西洋近代の功利主義などの経済思想を提唱したことは、儒学の「重義軽利」など経済発達には不利な観点を克服する上で積極的な役割があったが、伝統を徹底的に否定したため、多くの日本人を困惑させた。

多様な西洋思想が導入され、日本の伝統思想と葛藤を起こしもしたし、かつて丸山眞男が『日本の思想』で指摘した、相互の議論が蓄積されずに、対立・矛盾する種々の思想が浮遊しているような「精神の雑居性」をもたらしもした[11]。だが、古代から神道、儒学、仏教、老荘思想が対立したり、習合したりしながら共存していたのが、日本文化のいわば特徴のひとつであった。江戸時代には神・仏各派に加え、儒学だけでも朱子学、陽明学、徂徠の古文辞学などが併存し、折衷派も多く、特に後期には、地方の知識層まで蘭学に接しており、「精神の雑居性」は近代以前から形作られていた。そして、西洋近代思想の受け入れにも、この雑居性が働いた。

たとえ西洋思想を無批判に導入しても、理解がなされ、精神の実質に吸収されなくては、表層にしかとどまらない。実際には英語のほとんどが、まず香港や上海の新聞などでさまざまな漢語に翻訳されたものが導入され、特に政治・経済用語などは朱子学の用語を用いて翻訳された。また福沢諭吉らも、たとえば天賦人権思想については、江戸中期から民間哲学としてひろがっていた石門心学などの「天道」思想によって受けとめ、民間に受け入れやすいような工夫をした。のちに帝国大学綜理の役職につくことになる加藤弘之は、西洋個人主義や人権尊重思想を陽明学によって受け取っていた[12]。

幕府の統治を覆して作られた明治政権は「貿易立国」の方針を確立すると同時に、近代資本主義の経済思想に基づく「重利寡情」モデルを価値法則とするなど、西洋の技術、制度を強権的に導入し、明治維新の「文明開化」は、内乱状態を抜け出すか抜け出さないうちに比較的速く進展を遂げたが、精神の領域では、さまざまな西洋思想と伝統思想の組み合わせられたものが「雑居」する状態がつづいていた。

たとえば西洋近代の効用性を重んじる功利主義（utilitalianism）は、道徳第一の儒学から見れば、赤裸々な利己主義と拝金主義のように受け取られ、なかなか定着しなかった。しかし、とりわけ明治二十年代から企業は次第に官営から民営に変わり、民間資本が日増しに拡大し、利益の追求を直接の目的にするようになった。私利をむさぼり、他人及び国家・社会の公益を無視して、ひたすら物質的利益を追求する風潮と商業悪習が維新政府や一部の官僚と結びついて汚職などが世に横行するようになり、すべて功利第一に進んで、道徳が次第に退廃する一方だという状態が現れた。それに対しては、「国粋保存主義者」を名乗る（実際には東洋思想の伝統を守る）正教社というグループが鋭い批判を浴びせかけるなどした。西洋思想の摂取に努めていた日本の学者のなかにあって、西洋の経済学と関連思想を熟知することで、東洋と西洋の本質的な差異を深く意識し、日本民族の自覚、東洋の伝統に立つ近代化を模索するグループである。

さらに帝国主義列強間の生存闘争の現実が突き付けられ、日本も日清（甲午）・日露の両戦争をくぐり、戦争を利して大儲けする個人企業が出たり、弱小資本を吸収合併したりするなどの動きが盛んになる。信用第一に暖簾を守る伝統商法が崩れ、軽工業を中心に西洋の資本主義の管理方法と経営理念、西洋資本家の赤裸々な搾取理念をも受け継ぎ、労働者を残酷に圧迫する仕組みがまわりはじめる。政府は日露戦争後、本格的に重化学工業化を進め、日本の工業化時代の工場は、ヨーロッパ工業革命時代の工場と同じか、それ以上に、まるで地獄のように暗黒で残酷非道な方に向かった。男女ともに労働条件は次第に劣悪になり、労働時間は十時間を超してあたりまえで、賃金も低く抑えられた。横山源之助が大量の調査にもとづいて書いた『日本之下層社会』（一八九九）、細井和喜蔵の著書『女工哀史』（一九二五）などには、衝撃的な大量の記録が記載されている。

数多くの労働者は堪えられず、契約期間が未了のうちに逃亡し、高い離職率をもたらした。一九〇〇年鐘淵紡績兵庫支店の調査によると、一八九九年の末に当社の従業員数が五千六百三十六人で、また一九〇〇年の一年間に新たに入社した従業員が六千八十五人であるが、その年の間に退職した従業員が七千七百一人である。退職の理由については、逃亡が八三・二％にも達した[13]。だが、日清・日露戦争によって、重税を課せられた農民層から土地を離れて都市の工場地帯で働く男女の労働者が増え続けた。民間の軽工業は若い女性労働者を搾取の対象とし、政府の推進する重化学工業では男性の肉体労働者が搾取の対象となった。それゆえ、明治末年になると、劣悪な労働条件にさらされた労働者は次第に団結するようになり、とくに一九一〇年代には各種の決起を引き起こし、労使紛争が絶えず発生し、労働運動がますます激しくなっていった。

日本政府は、社会主義勢力が台頭する前に、その芽を摘み取る方策をとり、一九一〇年に天皇の暗殺計画を準備したという理由を掲げて、幸徳秋水（一八七一～一九一一）以下活動家十二名を逮捕し、翌年には死刑に処し（大逆事件）、以降、社会主義思想を徹底的に抑え込んだ（日本は一九二〇年に国際連盟の常任理事国になり、国際連盟が傘下にＩＬＯを抱える関係で、合法的な無産政党を認め、社会主義関係の書物の刊行も制限つきで容認してゆく）。そのような条件のもとでのストライキなどの労働争議は、生存権や団結権をかけた闘争であった。

多くの男女が都市の工場地帯へ流出した農村では、地域共同体の再編が余儀なくされ、また資本主義の浸透から農業と生活を守るために農業技術の改良を超えて、産業組合をつくり、協同で農産物、とくに養蚕、果樹など換金作物の生産に励むようになってゆく。行政も、これを後押しした。総じて、日本資本主義の発展には、さまざまな弊害が生まれ、その克服は容易でなかったのである。

そのような状況が続くなかで、金融や各種企業の設立など経済活動の実践において、西洋の先進的な経営方法と伝統的道徳との融合の実現に努力したのが、渋沢栄一である。渋沢は西洋の重商主義と功利主義などの思想を参照した後、東西文化を融合しようと、儒学に対して近代的な解釈を行い、近代経済道徳を構築し、資本主義倫理を高度に引き上げる努力をおこたらなかった。『論語』の内在的な精神を再度掘り下げ、解釈を行うことを通じて渋沢は儒学の「義」と「利」の関係を論証し、経済道徳合一説を打ち出していった。早くからの自身の信念を豊富な実践の中で鍛え、誰にでもわかりやすく説いたのが、『論語と算盤』である。

渋沢は『論語と算盤』の冒頭において、『論語』と算盤は「大変に懸隔したものであるけれども、私は不断にこの算盤は論語によってできている」[14]と述べている。「算盤」すなわち商業は、『論語』に支えられて成り立つという意味である。道徳という「義」と、算盤を弾くという「利」は、本来相対立・矛盾するものではないことを強調したのである。渋沢は『論語』の内在的な精神を掘り下げ、日本の近代によく合致するように再解釈を行うことを通じて、商業営利活動と儒学の伝統的精神を調和させるだけではなく、儒家倫理の視点から日本近代の経済道徳をも確立したのである。儒学の道徳倫理を精神的支柱とし、「仁」という内在的な媒介を通じて儒学の伝統が提唱する誠実・信義、禁欲・節倹、労働に勤勉などの道徳的要素を商業行為の根底に置き、工商文明の発展と東洋の伝統的価値観とを調和させた。日本資本主義精神の道徳的基礎を築き、ひいては日本資本主義経済の道徳秩序を確立し、企業家などの指導原理を築いたのである。

四、渋沢栄一による「官尊民卑」の打破

明治維新を経て、近代に入った日本は、幕藩体制を解体し、「士農工商」の身分制を廃して四民平等とし、税を金納とし、中央集権制を敷いて、国民国家の建設と資本主義社会の建設という新たな時代に向かった。しかし、民主主義を根づかせるには、大きな壁が立ちふさがっていた。「官尊民卑」と商人階級への蔑視の傾向が商工業者を含む社会一般に蔓延していたからである。法律上は平等な地位を保障されても、商工業者たちの精神は、新たな天皇制国家の道徳的な束縛の下におかれ、解放されてはいなかった。渋沢は、商家・番頭などの商人階級が、明治維新の後にも旧習を受けついで、官僚の前に少しも逆らわず、腰を低くしてへりくだっていることを見て、「明治維新後も官尊民卑の弊習が残つて居て[15]」と指摘した。さらに、「一般の商工業者は実に卑下されたもので、殆ど士人と同類の扱はされなかつた[16]」といい、その弊習を排除しなければならないと痛感していた。天皇制の下での官吏のほとんどは、討幕に成功し、明治新政権をつくった勤皇派の武士たちが、刀を捨てて新たに獲得した身分だった。西欧を遊歴した渋沢栄一は、西洋のブルジョアジー（資本家階級）の自信と社会的地位の高さを実感し、商人階級の精神を引きあげなければ、西欧諸国のように迅速な経済発展は実現できないと強く感じていた。

荻生徂徠による儒学の革新は、農工商も社会を構成する職分であり、天下国家に貢献することが「徳」であるという観点を打ち出した。次に海保青陵は、さらに一歩進んで、藩と武士階級が商業に従事することを提唱した。しかし、どちらも統治階級を守るための方策として論じられた

ものであり、「士農工商」の序列を根絶するような主張ではなかった。それゆえ、渋沢栄一の思想を待ってはじめて、儒家経済思想を近代資本主義に適応するように組み替えるものになったのである。その組み換えに際して、徂徠系の方式が参考にされた。逆にいえば、そのように参照し得る儒学が江戸時代のうちに用意されていたからこそ、渋沢による日本的近代経済倫理の確立がなしえたのである。経済の現実に合わせて、儒学の成り立ちから組み替えるような徂徠系の思考法が、もし、用意されていなかったならば、はたして渋沢栄一の営為が可能だったろうか。理論面だけのことではなく、明治期に渋沢栄一が実際に相手をした各種の経済人たちの経済倫理思想にも徂徠系の儒学は影を投げていたにちがいない。商工業者を導くうちに、渋沢は当初学んだ水戸学から、しだいに徂徠系の日本的儒学のありかたに気づき、のち、『論語と算盤』にまとめる考えに行きついたともいえるだろう。

ごく簡単にいえば、明治期に新たにつくられた「官尊民卑」という精神傾向を排除しようとしたことは、渋沢栄一の重要な貢献の一つである。彼は荻生徂徠の儒学革新から、青陵を経て形成された、近代的な要素に富んだ新たな基礎から出発した。またその二人が創造した学説から、さらに深く現実を考察し、儒学から賤商という経済の発展に歯止めをかける観念を完全に取り除こうとした。そのとき、賤商にかわって障害として立ち塞がったのが「官尊民卑」の風潮だったのである。

1　「官尊民卑」について

「官尊民卑」という言葉は、渋沢の著作に頻出する。官僚を尊敬し、商工業者を賎しむ風潮である。近代に入った日本には、江戸時代の「賎商意識」の残滓として、「官尊民卑」が社会全般に蔓延していた。商工業者自身の間にも長く残り、渋沢はこれを維新前の幕藩体制下の商業社会の継続として理解していた。

（商業の）原動力は政治であつたといふ様なもので、……其の間蔵宿とか御用達とかいふ者はあつたが、それ等は数代続きの家柄で、主人は奥の座敷で一中節でもやつて居ればよい、店は番頭が一手に引受けて渡世をし、何藩の御屋敷に出入をする、盆暮には附届をしなければならぬ、又其の役人に吉原で御馳走をするとか、新町に案内するとかいふようなことが巧みであれば、それで業務は十分に出来たものである。(17)

と述べている。前近代から続く社会と経済の旧弊をよく捉えていた。江戸時代における経済の本質は武士階層による収奪経済であり、政治権力によって民衆の労働成果・収穫物資を奪うことであった。近代国家においては、それが官僚と資本家に移行するが、明治国家でも、政権は何よりも強い力をもっているということが重要であったため、旧武士階層によって成された「官」という階層が尊ぶべきものとされた。渋沢は旧社会との連続面を強調して「官尊民卑」の起源を説明している。

才能ある人は皆都会に出て官途を望むといふ勢となり、……言を換へて申さうならば、或は政事、或は法律と云ふやうな、主治者の位地を望む人が多くして、商業とか農工業とかいふ被治者の位地には、絶て属望する人がないといふ。[18]

と説いている。そして、渋沢は自らも身に着け、社会にも浸透している儒家経典の『論語』に理論的に依拠し、まずその賤商意識と取り組まねばならないと感じ、「官尊民卑」を打破することに力を尽くした。

2 「仁」を媒介にした「事の功」の強調

儒学を根底にする渋沢は、まず「仁」という儒学の核心を利用して、商人の地位を向上させようと努力した。荻生徂徠、海保青陵などの儒者たちと同じように、長く尊重されてきた古典が伝統的な考え方であることを前面に押し立てたのである。

それ仁の一字は孔夫子の生命で、また論語二十篇の血液である。[19]

と説明し、「仁」を重要視した。渋沢によれば、維新間もない日本が欧米に並び立つには、国力としての「富」が必要であり、その富を築くのが商工業であるから、それこそが日本にとって「大功」であり、それを実現するのは「仁」であると主張した。「仁」を媒介にして「事の功」を強調することにより、当時の「官尊民卑」の観点を打破しようとしたのである。

渋沢は、『論語』「雍也二十八」を解釈して、

子貢問うて曰く「ここに人ありて、博く恩沢を人に施し、しかして能く多衆を救済する者あらば、その人は仁者というべきや如何」と。孔子対《こた》えて曰く「これは一大事業なり。何ぞただ仁者くらいのことならんや。この一大事業に当る者を求むれば必ずや聖人か。古えの聖人堯舜も、なおこの博施済衆のことを十分に行い得ずとて常に心配せられた」と。それ仁は徳にして、いやしくも身に修むれば、未だこれを天下に施さざるも仁者というを得べし。今子貢の問う所は事功に属すゆえに孔子はこれを仁者に属せずして、聖人のこととなせり。[20]

と説明している。渋沢は、孔子の道徳の核心を「仁」とし、「事功」の下に置き、経済は道徳より重要であることを示しているのである。

この講義において渋沢は、まず山鹿素行の「仁」の理解を引用して、「仁の本体を性理の上に置かず功果の上に置き[21]」という認識に賛成する。しかし、史的な事実において、素行は仁の「功果」を重んじたことにより幕府儒官林大学頭羅山より糾弾され、最後は幕府から罪を着せられ播州赤穂へ配流されてしまった。渋沢は、その懲罰はただ幕府が林家の顔を立てるために素行を流刑に処さざるを得なかったと考えていた。実際に、渋沢は「元来徳川家康が功利説の張本であ

る」[22]と指摘し、

封建制度を徹底的に確立し、幕府の勢力を無限に伸張して万代不易のものたらしめんと欲し、これがために国内の平和繁栄を計り、万民をしてその堵《と》に安んぜしむるには、儒教を利用するが最も賢明なる手段であると考えたから、儒官を置き、孔子教を尊敬鼓吹するようにしたのである。[23]

といい、儒学を官学にした幕府の意図の根本を明晰に打ち出している。また儒学の本質を精確に把握した上で、

みな広く民に施して衆を済《すく》い、功業を社会に挙げるのが、これすなわち仁であるとせざる者なし。[24]

と主張している。このようにして封建社会に道徳より生じた賤商意識は根拠のないものであることを論証し、「仁」の実践的・効果的な作用を強調し、商工業者も国家と社会に貢献ができる実業に没頭するゆえに、「仁者」であると主張したのである。さらに、

しからば士農工商の階級制度もまた孔子教の反応なるかというに、これは頼朝以来多年封建制度が発達してきた自然の結果に過ぎず、孔子教に農工商を圧服する文字は存せざるなり。[25]

と述べ、士農工商の職分は日本の歴史のなかで生じたものであることをも添えている。そして、

王政王道もつまり仁から出発したものである。／商工の実業のごときまた仁を以て大本《たいほん》とせねばならぬ。仁を大本とすれば、工業に粗製濫造なく、商業に騙瞞欺術なく、商工業道徳高まるべし。(26)

と結論する。渋沢はこのように儒学の核心的な内容である「仁」を規定しなおすことによって、商業の功の大本も「仁」であると主張し、もって、商業の担い手である商人の地位を向上させるべきであると提唱したのである。荻生徂徠が古文辞学によって、『論語』など古典の本来の意味を解釈し、実学的な「経世済民」の考えを打ち出した方法に倣い、さらに徳川時代に形作られた価値観の歴史性を山鹿素行の解釈と彼に対する幕府の処分を通じて明らかにし、近代的な商工業に対する認識を古典本来の意味に基づくものとして打ち出したことは明白である。なお、『論語』における「仁」の解釈をめぐる議論や、山鹿素行と徳川幕府および林羅山との関係、この渋沢栄一の主張に働いた可能性のある他の論者や学説などは、本書においては課題の外であり、ここでは検討しない。

3　実業家も「国臣」

渋沢栄一は「国臣」という立場を重視し、自らも「国臣」であるという立場に立っていた。彼には「忠臣」という意識が基本にあり、すべてが国のためであると考え、その正当性を打ち出し、自らの行為が単なるエゴイズムではないことを示した。渋沢の『論語と算盤』も、「仁」と同様、この「国臣」「忠臣」という概念を根幹に置いている。彼は『立会略則』の冒頭において、

されは貿易売買するを指して商業と為し、其職とする者を指して商人と云ふはまことに天賦の美名にして、唯一人一個生計を営むか為めの名にあらず、能く此主意を心得大に商売の道を弘むれは、小にして一村一郡、大にして世界万国の有無を通し生産もまた繁昌し、遂に国家の富盛を助くるに至らん、是商の主本要義にして凡そ商業を為すもの心を此に留めさるへからす。(27)

と述べている。商業に従事することは個々人の生計のためばかりでなく、国家経済の成長、繁栄のためであるという意識をもつことが基本であり、皆が心得るべきことであるとする。これは江戸時代の幕藩制度と近代国家制度とのちがいを度外視するなら、荻生徂徠が打ち出した見解、また水戸学にみられる「義利両善」の思想、さらには海保青陵のいう藩のための商売とほぼ同様、何らかの意味で「公」のための思想である。

彼は自身のフランス留学で学んだ資本制経済を日本に定着させようとするにあたって、日本においては私論を差し置いて団結し、経営をしなければならないという。当時、日本が近代化を進めるにあたって、殖産興業は重要な位置を占めていたが、商業、商社の経営は各人のエゴイズムに基づいて進められるべきではなく、あくまで国家意識により、統一して進められるべきであると考えていた。

商社は会同一和する者の、倶に利益を謀り生計を営むものなれとも、又能く物貨の流通を助く、故に社を結ふ人、全国の公益に心を用ゐん事を要とす。凡そ商業の用たるや、有無を通し物産を繁殖するを以て専務と為す、故に内国外国を論せす通商の道に志すものは、勉めて物産の繁殖をたすけ国民の職本を盛んにする事に心を用ゆへきなり。(28)

渋沢はこのように、商業に従事するもの、実業家は「国臣」としての意識をもつべきであると説いている。後期水戸学は「国臣」として武士が国家に生涯を捧げ、仕えるその在り方を説いたが、渋沢はまさに実業家も同じ「国臣」としての意識の必要性を主張する。このような「国臣」としての実業家という主張は、フランス留学によって学んだ欧米の株式会社制度とは異質なものであり、日本の国家が現実に迫られている近代化の必要性から導き出されたものだったといえよう。

渋沢は、「国臣」としての実業家には武士と同じように国益を考えての「私権」は存在し得るが、利己を追求するような「私益」の存在は許されないとし、あくまで公のことを考えて利益を生み

出し、生み出された利益は何らかの形で公に還元されなければならないとする。渋沢は『常平倉壁書』において、

商売は有無を通し、物価之低昂を宰するの私権を有するものに付心得違之者之節は、詐術を以諸物之偽を作為し、私利を営之害も相生し可申候間、能々注目し、往々均平之法を以、其私権を奪却候様可致事(29)

と語っている。詐欺のような行為で私腹を肥やすようなことは「国臣」としての在り方に反することであるとする。これは急激に近代化が進む時代において、さまざまな方法で私腹を肥やそうとする者が跡を絶たなかったことも深く関係しているだろう。特に渋沢が設立に関与した常平倉の前身である商法会所において不正が多発し、廃止されたという経験からの言葉であると思われる。そして、渋沢は、

商業家として一家の富を計るのは即ち覇道であつて、公利公益を勉むるのは王道である、苟も商業家の人格を唱へるならば寧ろ王道に因るが宜い、渋沢は金を持たぬけれども、即ち王道に由つて営業をして居る者である、斯う先づ私は自負して居るのでございます(30)。

と述べ、私益を求める心を覇道、公利公益を第一とするのが王道であるとしている。
経済活動に政府が積極的に介入するべきではないという立場は同一であるが、各自の自由意思

に任せた行動が「見えざる手」（当時のイギリスの思想では、キリスト教の神の意志を意味し、「神の見えざる手」の意味）によって調節され、社会が安定するとしたアダム・スミスとは異なり、あくまで商売人は「仁」による活動で公利公益を第一とし「国臣」としての意識をもつことが第一であると訴えている。要するに、渋沢は、

商売人と雖も役人と雖も、国家に尽すと云ふ程度に於ては差はないと思ふ。[31]

と語るように、商人も国家意識において官僚と同じく同等であると主張し、「臣」の概念を基軸として商工の地位を向上させ、官尊民卑の弊害を排除しようと提唱していたのである。この「仁」も「国臣」も、渋沢独自の儒学に裏付けられたものだった。

4　「官尊民卑」の打破

江戸時代の「お上には逆らわない」町人の風潮が、明治時代においては「官」に唯々諾々と従う弊風となり、逆に実業家は町人視され、その役割を過小評価され、軽蔑されていることを、渋沢は痛感していた。渋沢はこれについて、「我国では封建の余弊で、実業家を所謂素町人と呼んで、士・農・工・商四民の最下位に置いた思想が未だに去らず[32]」と述べている。民間ビジネスに対する一般の軽蔑の底には当時の商業従事者の商業倫理の低さ、不正や賄賂が横行する状況が影響していた。

渋沢は、商業従事者の現状を、公益を考える国家意識の薄さ、また日本の商業教育の根本に問題があると捉え、儒学を根幹においた倫理道徳を新たに打ち立てるべきだと考えた。そのためになされたのが渋沢の『論語』解釈である。『論語』里仁第四は、

子曰く、富と貴きとは、これ人の欲する所なり。その道を以てこれを得ざれば、処《お》らざるなり。貧しきと賤しきとは、これ人の悪《にく》む所なり。その道を以てこれを得ざれば、去らざるなり。(33)

という。従来の解釈では、「道」を重んじ、商業活動は軽視されるべきであるとされていたが、渋沢は、これを、

孔子のご趣意はただ道を以てせず、無理非道をあえてして獲得したる富貴が悪というだけのことである。……博く民に施して能く衆を済う者あらばこれ仁以上の仁にして、……資本なかるべからず。(34)

と解釈している。孔子の本意は、無理非道、不正や道に外れた行為によって利益を貪ることを悪としているのであり、利益を得ること自体を批判しているのではない、利益を得て、公益のために還元し、民のためになるような実業家は「仁」以上の「仁」に値するという。また、仁義道徳と商業活動のあるべき関係として、

算盤を把って富を図るは決して悪しきことではないけれども、算盤の基礎を仁義の上に置かざるべからず。(35)

と述べ、商業活動を仁を大本において行うこと、経済と道徳とを一致させるべきであると説いている。

このように『論語』を再解釈することで、一方で官尊民卑の悪弊を批判すると同時に、「商売人」に求められる道徳を再設定し、「商売人」が、世間の軽蔑を受けることのないよう、自ら身をただす道を示したのである。渋沢はこのような思想を説くだけでなく、商業学校を設立し、発展を促し、実業家の団体である商業会議所や銀行集会所などの設立、発展のために尽力した。例としては、一八八九年三月、東京高等商業学校の第一回卒業式で訓示演説に、

今日の有様が一般の思想・政治に傾いて居ると見えて、苟くも書生たる人、其の学ぶ所の学術何たるを問ハず、口を開けばグラッドストーンハ人傑とか、ビスマルクハ英雄とか、又ハ我邦にてハ誰れ彼れとか、兎角に文勲武功に有名の人を賞讃する様になりますが、是れハ名誉の位置が其所に傾き易いから其の方に思ひ込むと云ふものにて、亦免れぬ道理でも有りませう。去りながら諸君ハ其の方に望みを棄て、商業に就かれようとすることで有るから、若し左様な考へに望みを置くと山に登らむとして舟を造つて居るやうなもので有ります。(36)

と述べ、そして、

畢竟此妄想の生ずるも、商業ハ位置の低いものと思ひ誤るからの事と存じます、私は商人の一部分であつてこんなことを申すも於罅がましいが、商人ハ名誉の位置で無いと誰が申しましたか、私は商業で国家の鴻益をも為せます、工業で国家の富強をも図り得られます、商工業者の実力ハ能く国家の位置を高進するの根本と申して宜からうと思ひます。[37]

と演説している。絶えず商工業者の地位向上、その社会的な役割について自信と誇りをもつように促していたことがわかる。その後、明治三十年代のさまざまな講演においても、渋沢は同趣旨のことを述べていた。[38]ここにいう「官」に対する「民」は、主に経済界の人々を指しており、経済の政治に対する優位の観念が潜んでいることも明らかであろう。経済を政治より優位に置く考えは、江戸末期において海保青陵が諸藩のための経済的合理主義を提唱した際に、はっきり表明したものだった。渋沢の考えは、この諸藩を日本の近代国家に置き換えたものといえよう。渋沢は、「国を富ますは商工業に依らねばならぬ[39]」といい、商工業の重要性を強調し、経済が政治に対して優位を占める方向に実践的に導いた。同時に、実業家の品位を高めるために、儒学の道徳教養に近代的な解釈を施し、日本近代の経済道徳を構築してきた。そのスローガンこそ「論語と算盤」だったのである。

五、義と利の結合

渋沢は戦前の日本を代表する実業家であると同時に、一生をかけて日本近代の資本主義における経済と道徳の合一に寄与した思想家としての側面も否定できない。彼の「論語と算盤」のスローガンに示されているのは、儒学と日本の近代化とを密接に結びつける経済倫理思想である。明治日本は文明開化、富国強兵、殖産興業の目標を実現するために、全社会の人々へ商工業に進出する情熱を励まし、産業化を順調に遂げようと努力していたが、西洋の功利主義とその理解の不十分さも手伝って、道徳的な問題も引き起こされた。渋沢栄一は、資本主義経済の発展は、単純に資本の蓄積と利潤の追求に一辺倒になることではないこと、合理的な経済体制には経済的な人間関係とその倫理的な義務を考えなければならないことを繰り返し力説した。資本主義の倫理的・道徳的な規準を樹立するために、「論語」に道徳を代表させ、「算盤」に経済行為を象徴させ、「義」と「利」の合一を提唱し、日本的な資本主義的精神秩序を訴えていたのである。

それによって、儒学における「義と利の弁」の近代化が完成した。徳川中期に経済の趨勢に妥協し、荻生徂徠は儒学を革新し、人性・利欲を許容し、封建的な経済倫理思想が唱える「義を重んじ、利を卑しむ」という考えを変化させた。徳川後期の海保青陵は、時勢に応じて興利論を提唱した。だが、渋沢は、ただ利や義を重んじてはならないとした。特に日本では、民族精神の深層に道徳観が強く影響力をもち、西洋の唱えた功利、個人主義のような精神が存在する土壌がないとし、伝統思想を利用し、『論語』を再解釈することによって、義と利の統一を唱え、日本における近代資本主義の発展を促進する経済倫理思想を確立したのである。

1 道徳と経済の合一

儒学は「義」を重んじ、「利」を軽んずることに特徴があり、いわゆる「重義軽利」が基本的な観念である。「義」は道義、即ち正義の倫理規範のことであり、「利」は功利、物質的利益、ことに私利を指している。実際に、儒学の「義利の弁」は、中国や日本をはじめとする東アジアの伝統的な経済倫理思想において重要な地位を占めるものであった。例えば、孔子の「君子義ニ於テ喩《さと》リ、小人利ニ於テ喩ル」(『論語』里仁)という文言があり、「義」と「利」によって「君子」と「小人」が分けられ、それは封建制の「重義軽利、重農抑商」という観念の根拠とされている。そして「義」と「利」が矛盾する時には、「利ヲ見テ義ヲ思ウ」(『論語』憲問)、いうまでもなく、「義」を選ぶべしとしている。孟子はその思想を継承し、「王何ぞ必ずしも利を曰はん。亦仁義あるのみ」(『孟子』梁恵王章句上)と述べている。朱子学はそれを利用して、「義」と「利」をそれぞれ「天理」と「人欲」に結びつけ、互いに相容れない関係にあるものと捉えている。他の儒者たちも「義」と「利」の関係について論じているが、程度の差こそあれ、「義」を重んじ、「利」を軽んずる傾向に大きな変わりはない(40)。

そのような伝統に基づいて、日本においては、道徳を重んじ「義」を大事にする考えが、民族心理の底に深く根を下ろしていることが一般に観察される。それゆえ、近代資本主義体制に入って、もっぱら利を唱える風潮が盛んになったことに対して、義と利の関係を解決しなければならなくなった。渋沢は、個人主義的な利己を重んじる西洋の道徳に対して、日本において資本主義経済を発展させるためには、伝統的な道徳観に注目し、経済と道徳の合一を図ろうとした。そのために『論語』を拠り所とし、それを再解釈することで、日本的道徳と経済の一致を目的とした独自の理論を提唱したのである。渋沢は、道徳と経済は相対立するものではなく、分離できないものであるとし、経済は道徳を離れて存在することは出来ない、道徳から逸脱した経済は日本社会に貢献することも考えられない、と説き示した。彼は『論語と算盤』の中で、道徳と利をもとめる経済活動は、一見釣り合わないように思われがちだが、実際は互いに牽引するもので、利益を求める経済の中でも道徳は必要であると提唱した。渋沢は、

いかに仁義道徳が美徳であっても、生産殖利を離れては、真の仁義道徳でない。生産殖利もまた仁義道徳に基づかざれば、決して永続するものではない[41]。

と述べている。また「経済と道徳とを調和せねばならぬ[42]」とも説いた。これを裏付けるために、孔子の思想に根拠を求め、

孔子の言わんと欲する所は、道理を有た富貴でなければ、むしろ貧賤の方がよいが、もし正しい道理を踏んで得たる富貴ならば、あえて差し支えないとの意である[43]。

と述べた。真の利殖は仁義道徳に基づかなければならない、金は貴んで善用しなければならない

など、孔子の説を再解釈し、道理に基づいた利益を追求することを論じたのである。つまり渋沢は、道徳は経済生活とつながっており、経済活動を抜きに単に道徳を論ずることは、この国の運命を不幸にさせる考えであり、もっぱら利益を好み、道徳の規準なくしては引き続き経済の成長も求められないという考えである。

渋沢は、孔子に代表される儒家の倫理道徳観は人の利欲を否定するものではないこと、衣、食、住のすべてにおいて人間は経済活動を通じて生活上の必要品を得ることができるのであり、利とは人間の生存する上で必要不可欠なことだと説いた。もともと儒学は「衣食足りて礼節を知る」、基本的な生活に満足してはじめて、礼節を知ることができると説いていた。それをあわせて、古典における「義利」を解釈し直し、近代の経済発展に適応するような義利観に作り直した。また渋沢は、人によって利益を収める手段と方法は異なっており、正当な手段で得た利益だけが合理的なものであるとして、人々が進んで道徳を高めるような方法で利益を求める能力を習得させるべきだ、と説いた。そして渋沢栄一は義と利を対立させる考えを批判し、次のように主張してきた。

昔の支那人の書いたものに拠ると、一体に金銭を卑しむ風が盛んである……『仁をなせば富まず、富めば仁ならず』とあるごとき、その一例である。……孔子が切実に道徳を教示せられたのも、その間、経済にも相当の注意を払ってあると思う。これは論語にも散見するが、特に大学には生財の大道を述べてある。もちろん、世に立って政を行なうには、政務の要費はもちろん、一般人民の衣食住の必要から、金銭上の関係を生ずることは言うまでもないから、結局、国を治め民を済うためには道徳が必要であるから、経済と道徳とを調和せねばならぬこととなるのである(44)。

渋沢は、儒学の本意を掘り下げ、義利合一ということこそが聖人の真意であると述べている。ここでも、上古の言葉にはいろいろと不明な部分があり、儒者がさまざまな考察を行ってきたが、「含蓄」の部分を「思慮」をもって先王の道を理解すべきと主張した徂徠にならい、その古文辞学の方法論を用いている。渋沢は当時の資本主義に応じ、経済の発展を支持・促進しなければならないと実感していたことから、新たに儒学の真意を捉えなおし、正当な手段で利益を図るのは儒家の倫理にあう仁義である、ということを明確に示したのである。

2　公益と私利の統一

啓蒙思想家が提唱した私益と異なり、渋沢は、公益と私利が一体であると主張し、

商業に対して私利公益なぞと区別を立てゝ議論するは全くの間違で、利益に公私の別を立てゝ行ふ商売は、真の商業でないと余は判断せねばならぬ(45)。

と語り、彼は終始一貫して国家社会の利益という「公益」と私人利益という「私利」を結びつけて商業道徳として纏めあげた。私利も、

……これを広義に解釈すれば、矢張公益を図るものであると謂へる筈である。茲に注意すべきは、其の業体の正と不正とに依つて、自ら公益と私利とが分れるのであるから、業務の選択も根本を誤らぬやうにせねばならぬ。[46]

と説いたように、渋沢は、利益の追求と資本の蓄積とを統一して捉え、商業は決して個別に成り立つものではなく公共的なものであるということを主張した。これについて、渋沢は、

商業上の真意義は、自利利他である。個人の利益はすなわち国家の富にして、私利すなわち公益である。公益となるべきほどの私利でなければ真の私利と言われない。[47]

と主張し、

而して商業の真意義は実に此処に存するものであるから、商業に従事する人は、宜しく此の意義を誤解せず、公益となるべき私利を営んで貰ひ度い。これ聴て一身一家の繁栄を来すのみならず、同時に国家を富裕にし、社会を平和ならしめるに至る所以であらう。[48]

と述べている。彼によると、合理的な経営は、算盤のみでなく責任を伴う。国家社会の利益は個人の利益を保証する前提である。そのため、先ず、国家利益は結果的に個人利益の獲得に役立つ

かどうかを考慮しなければならない。次に、国家は国民庶民から構成されているので、国家が富強を遂げるかどうかは国民百姓次第である。国民百姓の利益を求める活動が国家の利益に適応するかどうかは手段の選び方にあると渋沢は考えていた。公益となるような私利でなければ本当の私利とはいえない、という渋沢の考えは、日本の近代から現代に至るまで、不変の真理として高く評価されよう。渋沢は同時代ならびに前後の時代に生きた実務家、学者から多くを学び、かつ、彼らに多大な影響を与えた。

3　「士魂商才」の提唱

渋沢は「経済道徳の合一」論に基づき、「士魂商才」を唱えた。これについては、

人間の世の中に立つには、武士的精神の必要であることは無論であるが、しかし、武士的精神のみに偏して商才というものがなければ、経済の上から自滅を招くようになる。ゆえに士魂にして商才がなければならぬ。その士魂を養うには、書物という上からはたくさんあるけれども、やはり論語は最も士魂養成の根底となると思う。それならば商才はどうかというに、商才も論語において充分養えるというのである。道徳上の書物と商才とは何の関係が無いようであるけれども、その商才というものも、もともと道徳をもって根底としたものであって、道徳と離れた不道徳、欺瞞、浮華、軽佻の商才は、いわゆる小才子、小悧口であって、けっして真の商才ではない。ゆえに商才は道徳と離るべからざるものとすれば、道徳の書たる論

語によって養える訳である。(49)

と述べた。日本においては日清戦争を前後する時期から、かつて、戦国武士の生き方を説いた武士道を国民全体の道徳的な理念として尊ぶ風潮が急速に広まった。それに対して、渋沢は武士道の道徳のみに固執することなく、商業の才能も備えていなければならないと「士魂商才」を提唱した。これも伝統思想の利用である。「士魂」は武士の道徳・精神を意味するが、荻生徂徠は、戦国乱世にいわれた、主君と生死を共にすることなどをふくむ「武士道」という語を嫌い、中国の士大夫の「士」を用いて「士道」と称した。平和時の武士は官吏であるが、いざというときには武人としての働きができなくてはいけないので、文武両道を説いていた。それを渋沢が知っていたかどうかは定かでない。が、「商才」の根底には道徳がなければならないと考えていた渋沢は、儒学を核にしてつくられている「士道」ないし「武士道」に着目し、「士魂」という語で示したのである。渋沢は富豪の家に生まれたが、幕末には農民のなかから武士になるものが続出した。彼も若いとき、水戸学とともに剣術も習っていた。そのような風潮のなかで育った渋沢は、『論語』と士魂とを結びつけて考えていたのであろう。したがって、渋沢は、

論語にはおのれを修め人に交わる日常の教えが説いてある。論語は最も欠点の少ない教訓であるが、この論語で商売はできまいかと考えた。そして私は論語の教訓に従って商売し、利殖を図ることができると考えたのである。(50)

と説き、「そして私は論語を最も瑕瑾のないものと思ったから、論語の教訓を標準として、一生商売をやってみようと決心した[51]」と述べている。彼の根本的な動機は、従来の封建社会における儒学の影響を受けた人々の思想の中に、新しい思想を樹立することにあった。

六、渋沢栄一の職分思想

1　「天命」について

儒学における「天命観」は、日本社会が飛鳥時代あたりの最初に文明社会に入った時点から、日本の民族精神に広がり、長い歴史の流れを通して日本の民族心理の深層に浸透していったと考えられる。江戸時代に官学とされた朱子学は、その天命観によって「大義名分」を唱え、「士農工商」の身分制を強固に確立した。朱子学は道徳の修練によって「天人合一」の境地に達することを究極の目的に置いていたが、まず荻生徂徠は天が知的な対象ではなく敬の対象であると唱え、海保青陵は「天命」を合理性と解釈し、経済合理主義の根拠にした。渋沢は一年間のフランス留学の経験とその二人の天命観をもとに、近代日本における現実に則した経済活動の在り方を見つめなおした。

西洋の近代経済倫理学では、マックス・ウェーバーが『プロテスタンティズムの倫理と資本主義の精神』で、カルヴァン派プロテスタンティズムが「天職」という観点によって、富の蓄積を是としたことが、資本主義の発生に根本的な作用をもったと説いた[52]。渋沢はウェーバーの理論を参考にしたわけではないが、フランス体験から神に与えられた使命という考え方を感じ、それを日本の伝統的な天命観に転じて、近代経済を促進できる理論を構築したのである。

そして、明治六（一八七三）年、大蔵省を辞し、第一国立銀行の総監役に就くにあたって、「実業界の開拓」をまさに自己の「天命」として受けとめたのであった。

商工業を盛大にしなければいかぬと云ふ事に就いては、其の頃も余以上に深く考慮した政治家、学老抔も沢山あつたであらうが、併し左様いふ人々は自ら商売人に成りもせぬ、又成れもしなかつた。当時のことを回想して見るに、よく商工業者が多少の力を致して少しく発達して見た所で、政治界の名誉と商工界の名誉とは同一のものでないといふ有様であつた。余が銀行者になつた時も、多数の友人は『渋沢もあんな馬鹿な真似をしなくもよからうに』と、誹謗の言を放つた位である。然るに余は左様いふ時代だから、尚更これは必要的急務であると観念し、それと共に余は一度此の位置に身を置いた以上、実業界の開拓は余が天の使命であるから、終身此の業務を不変の態度で経営して見ようと決意した[53]。

渋沢は、このように「実業界の開拓」を自己の「天命」として受けとめたと述べている。日本の実業界に身を投げ入れ、指導しながら、民族意識の深層まで根付いた「天命」を再解釈する。それによって、徳川時代には天命の考えによって軽蔑されていた商工業に新たな価値を付与し、経済活動によって利潤を追求することが、天命に応じることであると提唱した。そのようにして渋沢は、西洋の「天職」観から生じた資本主義精神に劣らない、日本的な経済の心理的起動力とその価値、すなわち資本主義の精神を構築していったのである。

天は理なりと宋儒は説けども、これは僻説なり。しからば天とは果して何であらうか。余は天とは天の命という意味であると信ず。人間が世の中に活きて働いているのは天命である。草木には草木の天命あり、禽獣には禽獣の天命がある。すなわちこの天命が物の天則であって、聖賢といえどもこの天則には必ず服従せざるを得ず、堯の子丹朱、舜の子商均みな不肖にして帝位を継がしむること能わず。これみな天命のしからしむる所にして、人力の如何ともすること能わざる所である。[54]

と述べている。自然界と人間社会のすべての存在は「天命」によって進行すると考え、「天命」に絶対的な価値を見出し、この力に殉じないと、事を為そうとしても永久に遂げられないと考えていた。渋沢は、『青淵百話』の第一項を「天命論」と題し、自分が孔子の教えに根拠をもらって、「余は常に孔子の天命観を以てその心とし、今日迄心や行の上に之を実践躬行して来た[55]」といい、自分が孔子の天命観に沿って真理・道理を見出してきたことを告白している。

孔子の天に対する観念は……畢竟天は公正無私にして絶大無辺の力を持つもので、人は其の命ずるまゝを行ふべきものと観念して、孔子は自ら天命に従うたのであつた。だが流石の孔子でも生れながらにして天命に従ふことは出来なかつたものと見え、『五十にして天命を知る』

と自白されて居る所より察するに、天命に従うて心に疚しき所の無くなつたのは五十歳以後と見受けられる。[56]

と説き、天命を知った時から、人は初めて社会体系的な系統に順応して正当的・正確に人間活動ができるのであり、遂に天祐・天運に恵まれて、その仕事の持続的永久的生命をもち得るのである、と指摘した。つまり、渋沢における「天命」は、人々の中で生きる生活の過程において、自らそれを感じ、次第に体得していくものであることを示している。

孔夫子も中庸の冒頭において、「天の命、これを性と謂う」と言われておる。如何に人が神に禱ればとて、仏にお頼み申したからとて、無理な真似をしたり不自然な行為をすれば、必ず因果応報はその人の身の上に廻り来るもので、到底これを逃れる訳に行くものでない。ここにおいてか自然の大道を歩んで毫も無理な真似をせず、内に省みて疚しからざる者にして、初めて孔夫子の言のごとく、「天、徳を予に生ず、桓魋、それ予をいかんせん」との自信を生じ、ここに真正の安心立命を得られることになるのである。[57]

と説いている。渋沢は、日本古来から重要な概念であった「天命」に近代的な合理性を与え、人間が生きるうえであえて不自然な、または無理をすることこそ罰と不幸をもたらすのだと指摘した。それは「天命」に理性的な性格を与えた海保青陵の合理主義にそって、天命の広汎な価値を認めたものに近いと思われる。さらに渋沢はイギリスのサミュエル・スマイルズ（一八一二～一九〇四）の著書で、明治初期にベストセラーになった中村正直訳『自助論（セルフ・ヘルプ）』の有名な言葉「天は自ら助くる者を助く」を引用し、儒学の「天命」観の近代的な転換を実現した。彼は封建的な天命観と、それに伴う天運・天罰などの言葉について、

故に世に天運とか天罰とかいふ言葉を以てそれ等のことを批評し、「彼は天運を得てあれ程出世した」とか、「彼は天罰覿面あゝなつた」なぞと云ふのは、蓋し肯綮に当つて居ると思ふ。而して天運も、天祐も、天罰も、天誅も主として人の心掛の如何にあることで、西哲の所謂「天は自ら助くる者を助く」の道理。自ら天運天祐を得んと心掛くることに依つて幸福は来り、それに反した行に出づれば不幸の来るは言ふ迄もないことである。[58]

と語っている。「天命」による「天運」「天罰」は間違いではないと認めるが、あくまで結果の原因となるのは人の心掛け、行動であるとし、孔子の「天命」についての言葉と西洋の「天は自ら助くる者を助く」という言葉に共通点を見出した。よって、自分の運命は自分の手が握っていること、社会の地位、出世などすべては個人的な努力・行為によって結果が生じると説いたのである。

そして、渋沢の思想中、最も中心的な観念である「道理」という言葉にそれが内包されていると説き、一切の行動の基準にしようと主張した。

2 「道理」について

渋沢は端的に次のように述べている。

要するに我国の国民性をつくる上に於て、朱子学は偉大な貢献のあつたことは認めなければならぬが、それと同時に又富貴貨殖と仁義道徳とは相容れないものであるとの、誤つた思想を蔓延させた弊も掩ふ可らざる事実である。[59]

商人への軽視、また経済と道徳の相反を引き起こした最も根本的な要因は、江戸封建社会から伝承された朱子学の体系における「道徳」観であった。その「道徳」の根源は、天より先に存在している「理」に置かれていた。渋沢は、朱子学による『論語』の「理」の解釈を批判し、独自の見解を提起した。

いま論語の説く所はことごとく人間実際の生活を離れず、名教と実用と一致合同しておるが、宋儒程子や朱子の解釈は高遠の理学に馳せ、やや実際の行事に遠ざかるに至れり。[60]

渋沢はこのように、中国・宋代に程子（程顥《ていこう》・程頤《ていい》）や朱子の解釈により生じた「理」の思想がすべて無用な空理であるとの批判を行った。日本の封建社会の朱子学者は窮理的であったが、渋沢はもっぱら儒学を現実的な活動に引き寄せて考え、孔子は抽象的・哲学的な「理」など語っていないという。だが、渋沢の著作においては「道理」という概念に重点が置かれている。彼の経済倫理の思想はすべてその「道理」に根拠を置いているといってもよい。渋沢の「道理」の用法は、『青淵百話』において、次のように語っているところに特色がうかがえる。

「道」といふ文字は四書の中にも多く見ゆるが、専ら宋朝学者に重んぜられたもので、「道は天下に充塞するものである、道に依らなければ人世一日も立つことは出来ぬものである」などとは、当時の人の能く口にした所であつた。元来「道」とは則ち道路の意で、人間の必ず踏まねばならぬものであるから、これを直ちに道徳上に応用し来り、その形より推論して、人の心に行ふ所、守る所の正しき一切のことの上に此の文字を用ひて、人の心の行くべき径路を「道」と名けたものであらう。又「理」といふ文字も、彼の閔洛派が頗る尊重した所のものゝ一つで「理天地を生ず、未だ天地あらざる前、先づ此の理あり」抔いうて、天地の在る以前より理はあつたもの、人間は理より生れたるものゝ如くに言つてある。程伊川の『四箴』中「動箴」に、「理に順へば則ち裕、欲に従へば惟れ危し云々」の一句があるが、これ等も「理」とは如何なる意味であるかを窺知するに足るものであらう。要するに「理」には「筋」といふ解釈が適当で、日常談話に用ひらるゝ「真理」なぞ云ふ言葉より推すも、凡て筋立てることの意に観て差支ないことゝ思ふ。而して此の「道」及び「理」の二文字を合して「道理」といふ言葉が成立したものであらう。(61)

渋沢は「道理とは人間の踏み行ふべき節目」とし、「道理」が「天命」にかなうように正しく遂行されるべき規範、人間社会の普遍的な規範であるという信念を説いている。そして「道徳とは等しくこれ人類の則るべき道理」という。ここで基本となる「道理」は、境遇・職業の差異は関係なく、人々がそれぞれの経済活動を含む生活において「天命」にかなうような行動を行うことである。ここに見られるように、渋沢の経済道徳、あるいは経済活動の倫理規範は、経済に限らない普遍的な道徳ないし道理と変わらないという考えである。

3　渋沢の提起した「職分思想」

日本近代の迅速な資本主義経済の発展及び戦後の高度経済成長期がもたらした国際的にも稀に見る繁栄について、一種の日本特殊論が生まれ、日本的な文化・倫理の特別な個性が注目された一時期があった。西洋的資本主義の経済倫理思想においては、個々人が内面的・直接的に神と連係があることにより、職分思想が生じ、経済活動への心理的起動力と禁欲主義とが結びついたとするが、アジアには絶対的超越神の考えはなく、多神教のもとで道徳も形作られてきた。キリスト教の唯一神は「上帝」と翻訳されたが、「天」の観念で受け止められたといってよい。そもそも日本には特殊性があるのではなく、中国の儒学の考えにしたがって、その「天」に「理」があるとしたところに、日本の経済倫理思想の特色が見いだせる。日本の職分思想は、個々人の内面が天・神と関係をもつ西洋のそれとは異なり、あくまで、ある共同体内の職分として考えられており、それが近代においては国家と社会のために経済の振興に寄与するものとされ、禁欲や倹約

も外面的かつ社会の全体による規制と考えてよい。渋沢のいう「職分」にも、その特色は充分うかがえる。彼は「職分」に関して、

元来商業を営むといふことは、自己の為に起る行為に相違なからうが、商業といふ職分を自己一身の為のみと思ふと大なる間違である。道理より考へれば、一方は物品を生産し、一方は其の物品を消費する、此の間に立つて有無相通ずるの職分を全うするのが商業の目的である。(62)

と述べている。商業は社会全体の生存と発展の一環として、「有無相通ずる」作用として重要な地位を占めており、したがって、商業の職分は「自己一身の為」だけではなく、社会的な共同体の厚生という「公」的目的を実現するための部分的な作用を担うものという役割として考えられているのである。そして渋沢はさらに、

商業は決して個々別々に立つものではない。其の職分は全く公共的のものである。故に此の考を以てそれに従事しなければならぬ。公益と私利とは一つである。公益は即ち私利、私利能く公益を生ず、公益となるべき程の私利でなければ真の私利とは言へぬ。(63)

と説いている。商業の「職分は全く公共的のもの」というのは、商業という「私」的な営利活動は公共性の一分野としての「職分」を担う限りにおいて「公」的活動となるという意味である。

このようにして渋沢は私利と公益とは本来合一であり、区別がないと主張した。封建制社会において蔑視された商工業の営利は、海保青陵が興利論をもって「公」の立場で武士階級が商業に関与することを提唱したことによって劇的な転換を遂げ、渋沢栄一の思想に至ると、商工業が、政治、行政と匹敵する「公」的立場に上昇し、さらには国家発展の上ではそれ以上に重要なものとされたのである。

これには日本の民族心理に深く根を下ろしている「公私観」が関係する。徂徠が公私を分離し、海保青陵が諸藩の公の立場をいい、渋沢は国民国家に適応する経済倫理思想を展開した。つまり、日本的な倫理の特徴は、「公」すなわち何らかの共同体の成員という考えを中心にし、一切の個別な欲望と欲求が、その共同体に順応することで達せられることにあり、渋沢は、その「公」の立脚点から近代にふさわしい経済倫理思想を提唱したのである。

それゆえ渋沢は「忠君愛国」を強調した。渋沢は、一八九一年五月に作成した家訓の第一項に、

常ニ愛国忠君ノ意ヲ厚フシテ公ニ奉ズル事ヲ疎外ニス可ラズ。(64)

と語り、経済活動に参加している人々に「忠君愛国」の倫理思想を訴えた。彼は、

古の武士は戦場に駆馳し、君主の馬前に討死するを以て大なる愛国心の発現、忠君の絶頂として居た。此の心が後世に迄伝はり、忠君といひ愛国といふことは、何でも君前に偉功を樹て、国家の大政に参して事を行はねばならぬといふ様に解釈されて居る。(65)

といい、また、

仮令町人であり商工家であるとしても、その国家を思ひ忠君を期するは、決して他の文武官に劣る所が有つてはならぬと思ふからのことである。(66)

と述べている。つまり国家、社会に貢献することが「忠君愛国」と呼ばれ、商工者も社会的な作用・共同体の発展に寄与することにより、真の愛国者であるとする。そして、渋沢は、

社会の一員、国家の一民たる以上、何人も一国一郷に対し我がものであるとの覚悟を持たねばならぬことゝ思ふ。(67)

といい、

愛国の心ある者は言ふ迄も無く君に忠なるものである。君に忠なるものは愛国の心深きものである。けれども役人にならねば愛国の実は挙らぬ。官吏でなければ忠君の道は立たぬといふ法は無からうと思ふ。官吏であらうと、軍人であらうと、弁護士であらうと、教育家であらうと、将た又商業者であらうと、国家を愛する心、君に忠なる点に至つては皆同一である。(68)

と主張した。要するに国家・社会に寄与する心をもって自身の職業に努力することが、渋沢の経済倫理思想の核心をなすのである。

「忠君愛国」について、渋沢はさらに一歩進んで、

即ち忠君愛国とは、総て私の反対に公なることであるから、真実愛国忠君の心ある人は、謂ふまでも無くこれ公に奉ずるの人である訳だ。(69)

と主張した。

ここで言及しなければならないのは、徂徠の「職分」に関する定義である。荻生徂徠は、「満世界の人、ことごとく、人君の民の父母となり給ふを助け候役人に候」(「徂徠先生問答書」)といい、武士のみならず、三民も「役人」であると社会の中での有用性を説いている。(70) 渋沢も「奉公」することを決意したのである。彼は首尾一貫して「国家」ないし「公益」について唱え続けていた。

公人として世に立つ場合は、常に国家的観念を以て事に任じ、凡ての仕事の上に私を忘れて一身を犠牲にするといふ覚悟を持たなくてはならぬ。(71)

そして、

自分が従来事業に対する観念は、自己の利殖を第二位に置き、先づ国家社会の利益を考へて

やつて居た。それであるから金は溜らなかつたが、普通の事業家と称せらるゝ人々よりは、比較的国家社会の為になつた点が多からうと自ら信じて居る。この点から云へば余の主義は、利己主義でなく公益主義といふことが出来よう。(72)

と語り、公益を第一とし、私利を第二位に置き、国家社会のためを強調した。これは、間宏《はざま》が評価したように「労働観として「主人、または主家への奉公」、「国家への奉公」という「奉公」観念(73)」である。「奉公」という観念は、人々を「共同体」の一員として外面からの規範に縛り付け、それについて禁欲的な精神が生ずる。日本の近代的な経済倫理思想は、ウェーバーが西欧の近代資本主義精神の基礎と考えた、ピューリタン的な職分思想、つまり個人の内面倫理としての禁欲精神とは全く異質であるといえよう。

ここから分かるように、渋沢は、日本的民族心理の深層をよく洞察して、徂徠学派が形成・伝承してきた「公私観」を利用し、近代の経済社会に運用していた。彼は、私的利益の追求を「公」の事業の一環とし、そこに経済活動の価値を求め、日本的職分思想を確立した。

これについては、「渋沢は、近代的実業家の営利活動が倫理的価値によって支えられ内面的に規制されねばならぬことを、洋の東西を問わぬ普遍的条件であると考えていた。しかし私益↓公益というシャフツベリ、ハチスン、ヒューム、スミスへと展開する西欧市民社会のエートスと、公益↓私益という日本の共同体的エートスとの差異を見るべきであろう(74)」といわれている。渋沢の経済倫理思想は西洋のそれとのちがいを指摘しようとしたものである。

要するに、渋沢栄一は、西洋の経済倫理を日本流に解釈し、かつ、江戸時代中後期に展開した日本流の儒学を自らが考える近代経済の発展に有利になるように解釈しなおしたのである。このようにして、西洋の経済倫理思想とも伝統儒学とも異なる日本近代に独自な経済倫理思想が形作られたのである。

▼注

（1）土屋喬雄『続日本経営理念史』日本経済新聞社、一九六七、五五～五六ページ
（2）渋沢青淵記念財団竜門社編『渋沢栄一伝記資料（第二巻）』渋沢栄一伝記資料刊行会、一九五五、一七七ページ
（3）坂本慎一『渋沢栄一の経世済民思想』日本経済評論社、二〇〇二
（4）吉川幸次郎・丸山真男・西田太一郎・辻達也校注『日本思想大系三十六・荻生徂徠』岩波書店、一九七三、四七ページ
（5）渋沢青淵記念財団竜門社編『渋沢栄一伝記資料（第四十巻）』渋沢栄一伝記資料刊行会、一九六二、三二三ページ
（6）吉川幸次郎・丸山真男・西田太一郎・辻達也校注『日本思想大系三十六・荻生徂徠』前掲書、五五ページ
（7）『新釈漢文大系十三・伝習録』明治書院、一九六一、一四一ページ
（8）同前三一六ページ
（9）渋沢栄一『論語講義（一）』講談社、一九七七、三四ページ
（10）渋沢栄一『論語講義（二）』講談社、一九七七、一六八～一六九ページ
（11）丸山眞男『日本の思想』岩波書店、一九六一、第一章を参照。
（12）鈴木貞美『生命観の探究—重層する危機のなかで』作品社、二〇〇七、第五章を参照。

(13) 犬丸義一校訂『職工事情（上）』岩波書店、一九九八、一〇七～一〇八ページ
(14) 渋沢栄一『論語と算盤』角川学芸出版、二〇〇八、二二ページ
(15) 渋沢栄一『青淵百話・乾』国書刊行会、一九八六、一八一ページ
(16) 同所
(17) 同前一八〇～一八一ページ
(18) 渋沢青淵記念財団竜門社編『渋沢栄一伝記資料（第二十六巻）』渋沢栄一伝記資料刊行会、一九五九、一二一ページ
(19) 渋沢栄一『論語講義（一）』前掲書、三四ページ
(20) 渋沢栄一『論語講義（二）』前掲書、二〇七ページ
(21) 同所
(22) 同所
(23) 同前二〇七～二〇八ページ
(24) 同前二〇七ページ
(25) 渋沢栄一『論語講義（一）』前掲書、二〇八ページ
(26) 渋沢栄一『論語講義（三）』前掲書、三四ページ
(27) 吉野作造編『明治文化全集（第九巻・経済篇）』日本評論社、一九二七～一九三〇、一一四ページ
(28) 同所
(29) 渋沢青淵記念財団竜門社編『渋沢栄一伝記資料（第二巻）』前掲書、一九三～一九四ページ
(30) 渋沢青淵記念財団竜門社編『渋沢栄一伝記資料（第二十六巻）』前掲書、八五一ページ
(31) 同前六七七ページ
(32) 渋沢青淵記念財団竜門社編『渋沢栄一伝記資料（第四十三巻）』渋沢栄一伝記資料刊行会、一九六二、五〇三ページ

(33) 渋沢栄一『論語講義（二）』前掲書、一六ページ
(34) 同前一七〜一九ページ
(35) 同前二二ページ
(36) 渋沢青淵記念財団竜門社編『渋沢栄一伝記資料（第二十六巻）』前掲書、五八〇ページ
(37) 同所
(38) 土屋喬雄「渋沢栄一の経済思想について」『社会経済史学（十六巻二号）』所収、社会経済史学会、一九五〇
(39) 渋沢栄一『青淵百話・乾』前掲書、一四九ページ
(40) 于臣「『実業』とは何か‐日中両国の実業家の観点を中心に」『北東アジア研究（十二）』所収、島根県立大学、二〇〇七
(41) 渋沢青淵記念財団竜門社編『渋沢栄一訓言集』国書刊行会、一九八六、一五一ページ
(42) 渋沢栄一『論語と算盤』前掲書、一三七ページ
(43) 同前一三一ページ
(44) 同前一三六〜一三七ページ
(45) 渋沢栄一『青淵百話・乾』前掲書、一七六ページ
(46) 同前一七七ページ
(47) 渋沢青淵記念財団竜門社編『渋沢栄一訓言集』前掲書、六五ページ
(48) 渋沢栄一『青淵百話・乾』前掲書、一七八ページ
(49) 渋沢栄一『論語と算盤』前掲書、二三ページ
(50) 同前三一〜三二ページ
(51) 同前三三ページ
(52) 梶山力・大塚久雄訳、尾高邦雄責任編集『世界の名著（プロテスタンティズムの倫理と資本主義

の精神)』中央公論社、一九七五
(53) 渋沢栄一『青淵百話・乾』前掲書、一八四ページ
(54) 渋沢栄一『論語講義（一）』前掲書、一七五〜一七六ページ
(55) 渋沢栄一『青淵百話・乾』前掲書、六ページ
(56) 同前二〜三ページ
(57) 渋沢栄一『論語と算盤』前掲書、二八ページ
(58) 渋沢栄一『青淵百話・乾』前掲書、六ページ
(59) 同前一六〇ページ
(60) 渋沢栄一『論語講義（一）』前掲書、二二ページ
(61) 渋沢栄一『青淵百話・乾』前掲書、三四〜三五ページ
(62) 同前一七五ページ
(63) 同前一七八ページ
(64) 同前八六ページ
(65) 同前九三ページ
(66) 同前九四ページ
(67) 同前九二ページ
(68) 同前九四ページ
(69) 同前九五ページ
(70) 石毛忠編『日本思想史辞典』山川出版社、二〇〇九、四九一ページ
(71) 渋沢栄一『青淵百話・乾』前掲書、六七ページ
(72) 渋沢栄一『青淵百話・乾』前掲書、六二〜六三ページ
(73) 間宏「財界人の労働観」『財界人思想全集（五）』所収、ダイヤモンド社、一九七〇

(74) 中島哲也「渋沢栄一の職分思想--日本資本主義創成期のエートス」。所収『法政大学大学院紀要(六十)』法政大学、二〇〇八、一二二ページ

第七章　結　論

　幕末から明治後期に至るまで、日本は西洋列強の植民地にならないように、迅速に西洋文化・制度などを模倣し、近代的な資本主義国家を形成した。それゆえ、日本の近代的な思想・文化の形成は、専ら外来文化を吸収したことにあると見なす傾向がかなり残っている。しかし、人間の歴史には連続性があり、どのような思想・意識の形成も、当時の歴史的な背景と社会的な状態と時勢に応じる反応である以上、個々の断片や一面のみを取り出して理解するなら、歪曲や誤解に陥る恐れがある。

　歴史的事実の上でも、日本の近代化に果たした伝統思想の役割の事例には事欠かない。日本における近代的な経済倫理思想は、戦後の経済復興と高度経済成長期に非常に大きな作用をおよぼしたが、西洋の学者たちはこれを分析し、日本における伝統的な思想がその形成に極めて重要な力をもっていることを論じてきた。日本の近代的な経済倫理思想を考察する際にも、西洋の影響のみを探求していては、その思想の根源と全貌を完全に把握することができないであろう。それゆえ、本書は、日本の経済倫理思想について、前近代から近代への連続性と転換、とくにその連続性、密接な結びつきについて考察しようと考えたのである。

前近代とは、近代以前の時代、つまり徳川時代を意味し、そこにおいて近代的な要素が萌芽し、胎動し、一定の近代化の基礎と原型を形成していたゆえに、それが西洋の思想文化を受けとめる土台としてはたらき、近代国家形成を急速に展開しえた、という見通しをもつことが必要不可欠である。経済倫理思想も例外ではない。それゆえ、本書は、前近代の体制が経済発展によって危機に陥ったとき、それを支えた思想家として代表的な存在である荻生徂徠の儒学のうちに近代的経済倫理思想の萌芽を探り、また経済倫理思想の展開に独自の役割をはたした海保青陵について考察し、そして渋沢栄一の思想にその影響を分析することによって、日本における近代的経済倫理思想の歴史の大筋を研究することができると考え、それら三名をとりあげて考察したのである。

一、日本における近代的な経済倫理思想の形成について

日本は、黒船ショック、西洋列強の威喝によって、「鎖国」の状態を解除した。西洋文明の優威に迫られ、自分自身の劣等感を強く感じ、植民地にされないように懸命に経済を発展させ、積極的に資本主義の道を歩んだ。だが、利益を無限に追求することによって成り立つ資本主義経済下では、人間の営利欲が氾濫するため、道徳上の堕落も発生してしまう。日本の民族伝統は、東洋文化圏に属し、文明社会に入ってから道徳・倫理が極めて重要視されてきた。それゆえ、西洋の政治制度、経済制度などを導入し、明治後期に資本主義経済が実際に社会全体に展開しはじめると、価値観の指針を失い、「煩悶」する青年たちが増え、道徳秩序の喪失、人心の迷妄などが「人生問題」といわれ、社会全体の問題になったのである。

そのとき、社会倫理としては、禅宗や陽明学などの伝統思想を中心に青少年の心身の鍛錬や「修養」が唱えられていた。仏教にも新たな運動が起こるなど、思想全体に伝統の見直しが盛んになった。そして、明治末期、国家体制の担い手たちは、日露戦争にかろうじて勝利し、朝鮮半島を植民地にするなど日本の躍進の原因は、一時期の西洋化の行き過ぎを反省し、西洋文化を日本の風土にあわせて導入することに成功したことにあると述べていた。つまり、明治後期の体制の担い手たちは近代化における伝統思想の役割を強調していた。日本の近代化が西洋化であるという意見は、第二次世界大戦後に敗北した日本が再度の近代化に向かうために強調されたものだったのである。(1)

明治前期の知識層はさまざまな西洋思想を日本に導入し、それを運用して日本における経済倫理思想を打ち立てようと努力した。しかし、伝統思想との差異が極めて大きく、西洋的な精神、理念などは日本に根を張る土壌がなかった。例をとるなら、啓蒙思想家の代表的な人物である福沢諭吉は、個人の独立精神を強調し、個人が国家の主人公のようにふるまい、経済活動を行うことで、国家の富裕、強大がなしとげられると提唱していた。個人の自立を前提にして、個々人の富を集合すれば国家の利益に達するという考えは、「私」を「公」に服従させてきた日本の伝統的な考え方とは、正反対ともいえるものである。このような思想が、すぐに根付くはずがない。実際に近代日本の財閥は、三井、三菱、住友をはじめ、江戸時代の富裕商人層が中心になって形成されたのであり、明治前期に新たに新興資本家として登場し、財閥を形成した者は、足尾銅山の経営から財をなした古河など数えるほどしかいない。

それゆえ、日本の資本主義建設の過程では、さまざまな西洋思想の導入がはかられたのち、伝統思想を見直し、当世の経済発展に応じた、日本的な民族精神にふさわしい経済倫理思想が確立されたといってよい。特に日本における資本主義成立期に、企業の経営、株式組織の成立などの具体的な経済行為を指導し、巨大な影響力をもった渋沢栄一は、社会全般に浸透している儒学の経済倫理をうまく利用し、日本的近代経済倫理思想を確立した。彼は、愛国主義、公益主義を唱え、私利は公益のためであると主張し、すべて国家、公益を優先的な地位に置き、その下での個人の利欲を肯定し、奨励したのである。彼は『論語』を商業の「聖書」のように立て、儒学の公的秩序を近代国家秩序に組み換え、そして資本主義経済と組み合わせ、近代的な経済道徳と精神秩序の樹立を果たしたのである。渋沢栄一が『論語と算盤』をまとめたのは、二十世紀の初めであった。それは上述したように明治後期から伝統の見直しの機運が高まったことと一致している。

徳川封建制の下では、士・農・工・商の順位を立て、商を身分秩序の最下位に置き、商売などの営利行為を軽蔑する賤商的な認識が一般的であった。そして徳川体制を強固にするため利用された朱子学の理論は、利欲は人欲の一種であるから、滅尽すべきと主張していた。徳川封建制下において、儒学は「天命観」と「道徳合理主義」を理論根拠に、封建的統治を守り、「大義名分」を強調し、人間の活動を等級制度の下において制限するものだった。商業軽視と「義理重視、利益軽視」「重義軽利」の傾向がそれに伴っていた。

だが、実際のところ、「重義軽利」が強調されたのは、商人階級がひたすら利益をむさぼり、道徳を無視していることを非難するためであり、ひいては商業軽視の意識を強化し、工商階級を社会等級の最低階層に押しとどめ、政治的統治の目的をかなえるためであった。

確かに、日本の歴史を概観するなら、近代的・資本主義的な経済が発生する以前、「経済」は、「経世済民」という儒学の「治国平天下」を意味し、今の「economy」とは異なり、政治の下に経済を置く考えを指していた。もちろん生計、売買などは昔から行われていたが、それらは思想の上では下位に置かれ、重要なものとは考えられていなかったのである。前近代の経済倫理思想は、そのような枠組みの下で、その枠組みを次第に食い破るようにして展開してきたのである。

それに対して、近代的な経済、すなわち資本主義的な経済では、社会関係がすべて経済的な関係になるといっても過言ではない。その差は極めて大きい。したがって日本における近代的な経済倫理思想が、前時代のそれとは異なる内容と形式をもち、至る所で相反する様相を呈していることは明白である。すなわち、渋沢栄一が利用した儒学的な経済倫理は、前近代のそれとは大きく変化したものであることも明らかである。

渋沢の生涯についての論述を見渡してみても、彼を経営手腕に優れた人間として扱うのが主流であり、儒者ないし思想家として扱うものはない。日本における近代的な経済倫理思想の形成が彼一人によってなされたのでないことはいうまでもない。だが、前近代時期において、荻生徂徠や海保青陵は、渋沢がかつての儒学を近代的に転換し、日本的な資本主義精神を樹立するための理論的な基礎を準備したということも否定し得ない。

つまり、近代的な経済倫理思想は、江戸時代の貨幣経済の広がりに伴い、萌芽し、近代にいたって資本主義経済と結びついて形成されたものである。元禄の繁栄がもたらした奢侈、享楽と、それによって生じた貨幣問題に対して、荻生徂徠を代表とする近世の経済倫理思想が新しく生まれた。それは時勢に応じて儒学の内部を変革することに向かった。海保青陵は、荻生徂徠の思想のその面を踏襲し、さらに経世済民の思想に経済的合理主義を導入し、儒者として最初に政治に対する経済の優位を唱え、その意味で近代の基礎を用意した。いわば資本主義の経済倫理思想への準備をなしたといってよい。そのとき、かつてマックス・ウェーバーが『プロテスタンティズムの倫理と資本主義の精神』で説いたような、キリスト教プロテスタンティズムの倫理、天職意識に支えられて富の蓄積をよしとする西洋における近代的な経済倫理思想に相当するような、東洋的な経済倫理思想が儒学から生じたといえるのである。

ここで、もう一度、日本における儒学の展開を振り返ってみたい。儒学は、中国から日本に伝播してのち、天命観はよく援用されたが、それは主として統治政権の正統性を論証するためであった。特に江戸時代においては、徳川政権が政治統制に用いた朱子学の天命観は、武士の世界観のすべてを主宰する役割をはたした。天に人格性と道徳性を与え、擬人化した天が命令を発するように考えられていたのである。また天は知的な存在であり、常人は道徳の学問をなすことによって「天人合一」に達せられるとされた。それによって、利を追求することは滅ぼされるべきこと、商売している商人層は金儲けに没頭し、無道徳であるとされ、賤商意識が、それ以前よりも強くなり、かつ広がったのであった。

それに対して、荻生徂徠は、宋学が知の対象とした「天」を不可知なもの、畏敬の対象であるとしたため、天命観は、より強くなり、宿命的な色彩が濃くなったが、他方、「天理」と道徳性を結び付ける朱子学の道徳合理主義を否定し、儒学の革新をもたらすことになった。

封建的統治に最大の威嚇として働く商品経済の発展を前にして、徂徠の思想・学説は矛盾に満ちたものだった。事実を客観的に納得し、積極的に時勢の変動に順応せざるを得ない一方で、彼の所属階級が擁護すべき徳川幕府の政治的立場を、いわば天を信仰の対象にした天命観で強化したためである。徂徠は、この互いに矛盾し、排斥しあう二つの方向のあいだをさまよいながらも、絶えず現実に即応し、商業の効用を肯定し、人間固有な人性として利欲を許容するような儒学の変革を行った。それがひいては社会の大変革、体制の更新に至る道を準備することになったともいいうるのである。

徂徠を受け継ぎながら、海保青陵は、天と理と神がすべて同じ概念であることを示し、合理主義的な考えに徹していた。当世、歯止めを掛けられないまでに発展した経済の現実に対し、青陵は経済的な合理主義を打ち出した。そして、興利論、商業第一の思想により、武士も商業に関与し、経済振興につとめるべきであるという経済倫理思想を喧伝した。つまり、体制を支えつづけた日本の儒学のうち、近代的経済倫理思想を準備した点において、荻生徂徠と海保青陵のはたした役割はきわめて重要なのである。

丸山眞男の『日本政治思想史研究』は、徂徠の思想を近代化の先駆けとして、その役割を十分に肯定し、朱子学の「天人合一」から天の「不可知」論への転換を実現したことをいい、それまで儒学が封建思想の柱としてのみ考えられてきたことからの脱構築を促した。彼は徂徠が先王の「作為」を押し出したとし、この徂徠の貢献が政治思想の近代化の土台を築いたと論じている。西洋の近代主義の形成過程に生じた王権神授説、ローマ法王庁の権威を無視する絶対主義王権を念頭においてのことだろう。だが、近代的な経済倫理思想の全過程から見るなら、徂徠のこの「革新」的な思想は、その孫弟子の海保青陵が、近代的意義を有する経済合理主義を構築する準備をなしたことになる。また、徂徠が「公と私」を分化したことは近代思想の重要な基礎ともなった。それによって、孫弟子の海保青陵が日本の封建社会において最初に重商主義を唱えた一人になりえたともいえる。それは一般的な意味での商業重視ではなく、青陵は徂徠の切り開いた「公私」の理論を受け継ぎ、政治を擁護する儒者としての立場から、あくまでも諸藩における重商主義、一種の「公」の商業を唱えるものだった。すなわち、武士階級が商業を尊重し、商業権利を握ることにより、その地位を守るために、諸藩は努力して商業を発展させるべきであると説いたのである。

渋沢栄一は、この徂徠―青陵系の「公私」論を応用し、工商業も公的事業だと主張し、同時に、公益と私利に関する論義を通じて、儒学を基礎とする日本近代資本主義の経済道徳を構築したのである。渋沢が生涯を通じて、儒家経典の『論語』を経済道徳の主要な思想源泉とする「論語と算盤」説を唱え得たのは、荻生徂徠と海保青陵によって備えられた基礎の上に立っていたからである。大きな枠組みが変化し、日本は資本主義への道を歩んだが、その経済道徳の根底には、依然として儒学が流れているということは明らかであろう。

二、日本における近代的な経済倫理思想の特徴およびその成因

経済には倫理思想、すなわち経済倫理思想を伴わないものはない。それは倫理思想の中から派生し、また社会のすべての人間活動を支えるものである。近代的な経済倫理思想は、経済が基礎になった社会の中心となり、それに応じて作用を発揮し、経済活動に精神的な動力を提供しながら、営利的な行為を倫理的な範囲に収めさせる役割をはたすものである。

西洋の経済倫理思想については、ドイツの宗教社会学者マックス・ウェーバーが『プロテスタ

ンティズムの倫理と資本主義の精神』の中で提出している理論が通説になっている。マックス・ウェーバーの説によると、資本主義の経済発展は、決して単に利潤の追求を認めること、単純な貨幣欲や貪欲によってなされるものでなく、ある意味では、それを倫理的義務とし、禁欲的に営利を行うことによってなされるものである。そして、彼は資本主義が勃興する過程において、その動きを人々の心の内側から推し進めていった経済活動への心理的起動力及び禁欲主義を「資本主義の精神」と呼んでいる。つまり、西洋の経済倫理は、個人的・内面的な宗教倫理がもたらす禁欲主義、合理的功利主義からなっているとする。

それゆえ、ウェーバーは、ヨーロッパのプロテスタンティズムの経済倫理こそが西洋近代資本主義の誕生に大きく貢献したが、中国では儒学が現実に消極的に順応しただけだと主張した。実際、歴史的な事実において、儒家文化圏では近代資本主義は自然発生的に生まれなかった。日本においても資本主義は、社会の歴史発展の内部から生じた自然的な結果ではなく、欧米列強に圧倒される運命を避けるために、いわば余儀なく近代資本主義の途についたのである。同じく資本主義といえども、地域と歴史の違いによって、その精神的なこと、経済倫理思想は異なっているのが当然である。日本の資本主義精神ないし経済倫理思想が、西洋と異なる特殊性をもっていることは、今日、学界においてはよく認識されている。

日本の資本主義精神は、西洋よりも倫理・道徳の重要性が目立っている。個人主義を本位とする西洋の特質と比べると、日本の資本主義精神は愛国を強調し、会社単位の集団主義を本位にしている。「公」を強調する儒学の主要な特徴が日本の資本主義精神及び経済倫理にも貫徹し、西洋の神から与えられた職分観とは異なる独特の奉公、職分思想などを形成している。これらの具体的な状況を究明するために、本書は、儒学の経済思想が近代化への推移につれて、その近代的な要素を徐々に形成してきた過程を考察したのである。ある段階又はある人物を切り離して研究するのでは、その推移の実質を的確に把握できない。儒家経済思想の変遷も同じである。儒学が基本的に消えたという考えは、推移全過程をはっきり把握せず、儒学の展開の内に秘められた経済倫理の内容を無視するものであり、ある問題を断片的に理解し、思想に対する理解に偏差をもたらすことの原因になる。

日本における近代的な経済倫理思想の形成過程においては、儒学の作用が極めて大きいことは明らかであるため、本書は、商品経済によって生じた儒学の変動期に遡り、荻生徂徠に発して渋沢栄一に至るまでの経済倫理思想の展開過程をたどることにした。明治期に西洋思想の摂取に努めていた日本の学者は、実はそれ以前の自国の学問の伝統との関係を依然として継続し、それを土台にして西洋思想を摂取していたのである。彼らは西洋の経済学と関連思想をますます熟知するようになると同時に、その中から自民族の利益に密接にかかわるものを選び、日本なりの特色をもたせていた。言い換えると、東洋と西洋の本質的な差異を深く意識し、現代化を建設する過程において西洋の資本主義をそのままねることは民族的性格と相容れないことを理解し、そして伝統を組み換え、経済の建設に運用したのだった。

中国の学者・梁策が述べたように、日本では明治維新以降の価値取捨行為には、多様な価値観モデルが存在している。(2) 王家驊も日本古代社会が儒学を受け入れた現象を解釈する時、「日本人は異なる信仰と価値観の理論上の差異にこだわっていない、それらの信仰と価値観の効用をより重んじている。作用があるだけ価値があるという理論に関する実用主義こそ、日本人の多元的な価値的・思惟的なモデルの根源である」[3]と述べた。このような民族的性格があるからこそ、「西洋化」を選択する過程においても、日本はある種の「目的意識性」――欧米諸国を見本とし、意識的に国家目標を設定し、その制度・技術を導入する――を見せた。このような意識の支配下で、日本文化の伝統的特色をもつ「実用功利主義」は、日本の知識人が西洋の制度・技術を導入・選択する際にあっても、従うべき原則になった。その目的意識と実用主義原則は日本の知識人に柔軟な性格をもたせ、日本文化のモデルチェンジの過程において大きな役割を果たさせた。日本は西洋の価値観と日本民族の特性との間に大きな差異が存在し自国の近代化建設を牽引できないことを意識し、西洋の技術を学ぶと同時に、東洋の思想に近代経済建設を支えられる思想理論の根拠を探した。経済活動の実践においては、西洋の先進的な経済方法と日本の伝統的道徳との融合の実現に努力していた。その成果がもっとも目立つのが「日本資本主義の父」と言われる渋沢栄一である。彼が徂徠学に影響を受けたことは歴然としている。荻生徂徠は経済発展の趨勢に応じて、儒学の内部的な変遷を推し進めた。徂徠の孫弟子にあたる江戸後期の海保青陵は、江戸時代の幕府と藩という二重の社会構造の枠内で、近代的な経済活動の価値とともに経済倫理思想の基盤を築き、社会全般に喧伝したのだった。

以上から分かるように、日本においては、儒学を駆使し、経済発展の促進を目的とした近代的経済倫理思想を確立してきたのである。つまり、日本における近代的経済倫理思想は、実は儒学をその基盤としたものであると言っても決して過言ではない。儒学の発祥地は中国であり、今日の中国では、挙国一致で経済発展を第一目標として掲げているが、経済発展が主流を成す世界情勢において、いかにして健全なる経済倫理思想を樹立しうるかが問われていよう。伝統思想を充分に再検討した上で、有効な要素を活用する方向はありえないのか。この点は、今もう一度考え直さなければならない切実な課題であるといえよう。

三、今後の課題

本書を通じて、江戸時代に儒学を根源にする経済倫理思想が、時勢の変遷に順応して、荻生徂徠、海保青陵によって内部で革新され、近代的な要素を育成してきたことを述べた。荻生徂徠は社会の現実にあわせて、徳川幕府を擁護するために、朱子学の根幹を転換して経済倫理思想を形成した。次に彼の孫弟子である海保青陵は、その思想を継承し、さらに時勢に応じて、諸藩の経営の観点から、「公」の重商主義を打ち出すに至っていた。それらによって近代的経済倫理思想の準備がなされていた。渋沢栄一はこれらを利用し、儒学と経済の現実を組み合わせ、近代的な経済倫理思想を確立した。したがって、日本の近代的な経済倫理思想は、儒学が依然として中核的な地位を占めており、日本の資本主義は、西洋の資本主義と一見、同じ社会体制ではあるが、そのエートスは全く異なるものとなったのである。

本書は、渋沢を突破口にして日本における儒学の流れを遡り、近代的な経済倫理思想形成の中心的な根源を探求してきたが、筆者の力が及ばぬところも多く残っている。第一に渋沢栄一の経済倫理思想におよぼした海保青陵の思想の影響が明確に実証できなかった。まず、海保青陵は諸藩に自身の思想を説いてまわったが、その思想は著書として広範に流布していなかった。また、海保青陵に関する研究が進んだのは、戦後のことであり、充分な研究がなされていないということもある。

渋沢栄一の儒学は、幕末の水戸学に出発しており、水戸学に与えた徂徠学、すなわち古文辞学的思考法を掘り下げることにより、また藤田幽谷による実学の提唱と渋沢の思想の関連をさぐることにより、あるいは、その欠が埋められてゆく可能性も予想される。それを今後の課題としたい。

また、先行研究について述べた章で言及したが、江戸時代に町人階層に盛んになった石田梅岩の石門心学と徳川時代後期に農民層に流行した二宮尊徳の報徳思想は、渋沢栄一の『論語』を基礎におく近代的な経済倫理思想の形成に大きな影響を与えたとはいえない。なぜなら、石門心学は、幕府や諸藩の後ろ盾を得て、徳川後期に武士層にも浸透したと推測されるが、また儒教を主にするとはいえ、神道も仏教も根はひとつという日本的三教一致論に立つものである。二宮尊徳の思想は、農民層の中間管理職にあたる庄屋層に浸透したが、明治期の社会の主たる担い手となった武士階層には浸透しなかったのである。

しかし、明治期の資本主義の主たる担い手は、「御三家」と称される三井、住友、三菱など江戸時代から続く大商人であり、石門心学の影響が及んでいたことは充分考えられる。また、明治期の地方事業家は、庄屋層を主としており、彼らに報徳思想がしみ込んでいたことはすでに研究されている。これらの実情を明治期の資本家層をよく知っていた渋沢栄一が看取していなかったわけはない。つまり、日本における儒学の幅をより広げて考えることにより、渋沢栄一による『論語』の解釈に、徂徠系だけでなく、水戸学の実学思想や石門心学、二宮尊徳の思想と通うところも発見できる可能性が残っている。

また、近代的な資本主義の実質的な形成期、すなわち日露戦争を前後する時期から一九二〇年ころにかけて、大量の農民が土地から離れて工場地帯に流れ込み、労働者階級に変身したが、彼らの果たした役割を見逃してよいというわけではない。それは軽工業で働く女性の労働者を含め、激しい階級闘争の季節であった。その時期にはたした渋沢栄一の経済倫理思想の役割についても考えてみなくてはならないだろう。また日清、日露戦争と相次いで国際戦争をした日本で、青年男女が社会矛盾に悩み、「人生いかに生きるべきか」を問うたとき、広い意味での「儒学」が「修養」のひとつとして説かれたこと、その後、貧困の原因を説いてベストセラーとなり、中国でもよく読まれ、社会主義思想の広がりにはたらいた河上肇の『貧乏物語』(一九一七)も、その序文で孔子の思想に基づくということを述べている。儒学の影響は、日本資本主義の経済倫理思想のみならず、資本主義が生み出す矛盾に悩む青年たちに指針を与える書にも、また資本主義に反対する社会主義思想にも及んでいるのである。(5) 日本における儒学の展開とその影響の複雑さは、実に計り知れないものがあるといえよう。

今後、これらを新しい視点として取り入れ、さらに各方面の影響を結びつけ、近代的な経済倫理思想とそれに対する反応をふくめ、広く研究を深めてゆきたいと思う。

▼注

(1) 鈴木貞美『生命観の探究 - 重層する危機のなかで』作品社、二〇〇七、第七章を参照

(2) 王家驊『儒学与日本文化』浙江人民出版社、一九九〇、三六ページ

(3) 同前四二ページ

「日本人幷不拘泥于不同的信仰和价値観在理論上的差異，而更為注意這些信仰和价値観的功用。有用既价値的這種理論的実用主義正是日本人多維价値観模式的来源。」（訳文は筆者によるもの）

（4）「三教一致」論の場合のみ、儒教と言われる。なお、明治十年代から、キリスト教に対して、「儒教」「仏教」「神道」と呼び名がほぼ統一されてゆく。

（5）河上肇『貧乏物語』岩波書店、一九六五、上篇を参照。

参考文献

［日本語の部］

著書

1 山崎闇斎編『玉山講義附録（第一巻）』一六七二
2 太宰春台『経済録』経済雑誌社、一八九四
3 益軒會編『益軒全集・巻之三』益軒全集刊行部、一九一一
4 山鹿素行著、素行会編『山鹿語類』国書刊行会、一九一〇～一一
5 加藤咄堂編『国民思想叢書・儒教篇』国民思想叢書刊行会、一九二八
6 瀧元誠一『日本経済思想史』日本評論社、一九二九
7 瀧本誠一編『日本経済大典（第二十七巻）』啓明社、一九二九
8 野村兼太郎『荻生徂徠』三省堂、一九三四
9 吉野作造編『明治文化全集（第九巻・経済篇）』日本評論社、一九二七～三〇
10 横川四郎編、石濱知行解題『海保青陵集』誠文堂、一九三五
11 谷村一太郎編『青陵遺編集』国本出版社、一九三五
12 加藤盛一校注『翁問答』岩波書店、一九三六

13　永田広志『日本哲学思想史』三笠書房、一九三八
14　野村兼太郎『概観日本経済思想史』慶応出版社、一九三九
15　本庄栄治郎『日本経済思想史概説』有斐閣、一九四六
16　家永三郎『日本近代思想史研究』東京大学出版社、一九五三
17　洋見丸山二郎『日本書記研究』吉川弘文館、一九五五
18　歴史学研究会編『明治維新と地主制』岩波書店、一九五六
19　坂本太郎編『日本史』山川出版社、一九四八
20　渋沢青淵記念財団竜門社編『渋沢栄一伝記資料（全六十八巻）』渋沢栄一伝記資料刊行会、一九五五～七一
21　『新釈漢文大系十三・伝習録』明治書院、一九六一
22　丸山眞男『日本の思想』岩波書店、一九六一
23　東晋太郎『近世日本の経済倫理』有斐閣、一九六二
24　R・N・ベラー著、堀一郎・池田昭訳『日本近代化と宗教倫理』未来社、一九六二
25　河上肇『貧乏物語』岩波書店、一九六五
26　瀧本誠一編『日本経済叢書十八・海保青陵経済談』日本経済叢書刊行会、一九一五
27　土屋喬雄『日本経営理念史（全三巻）』日本経済新聞社、一九六七
28　土屋喬雄『続日本経営理念史』日本経済新聞社、一九六七
29　高橋亀吉編『日本近代経済形成史』東洋経済新報社、一九六八
30　間宏「財界人の労働観」『財界人思想全集（五）』所収、ダイヤモンド社、一九七〇
31　塚谷晃弘・蔵並省自校注『日本思想大系四十四・本多利明・海保青陵』岩波書店、一九七〇

32 島崎隆夫編『近世日本経済思想文選』敬文堂、一九七一
33 源了圓責任編集『日本の名著二十三・山片蟠桃・海保青陵』中央公論社、一九七一
34 ジョン・W・ホール、マリウス・B・ジャンセン編、宮本又次・新保博監訳『徳川社会と近代化』ミネルヴァ書房、一九七三
35 源了圓『徳川思想小史』中央公論社、一九七三
36 吉川幸次郎・丸山真男・西田太一郎・辻達也校注『日本思想大系三十六・荻生徂徠』岩波書店、一九七三
37 島田虔次他編『荻生徂徠全集(一)・学問論集』みすず書房、一九七三
38 吉永昭『近世の専売制度』吉川弘文館、一九七三
39 石田一良・金谷治校注『日本思想大系二十八・藤原惺窩・林羅山』岩波書店、一九七五
40 梶山力・大塚久雄訳「プロテスタンティズムの倫理と資本主義の精神」、尾高邦雄責任編集『世界の名著五十』所収、中央公論社、一九七五
41 伊東多三郎責任編集『日本の名著十一・中江藤樹・熊沢蕃山』中央公論社、一九七六
42 渋沢栄一『論語講義(第一巻)』講談社、一九七六
43 渋沢栄一『論語講義(第二巻)』講談社、一九七六
44 三枝博音『日本の思想文化』中公文庫、一九六七
45 林羅山『羅山先生文集』ぺりかん社、一九七九
46 杉原四郎・長幸男編『日本経済思想史読本』東洋経済新報社、一九七九
47 岡田武彦他編『朱子学大系第六巻・朱子語類』明徳出版社、一九八一
48 家永三郎『日本文化史』岩波書店、一九八二

49 丸山眞男『日本政治思想史研究』東京大学出版会、一九八三
50 森嶋通夫『なぜ日本は「成功」したか?——先進技術と日本的心情』TBSブリタニカ、一九八四
51 坂本賢三『新岩波講座——哲学五・自然とコスモス』岩波書店、一九八五
52 渋沢栄一『青淵百話・乾』国書刊行会、一九八六
53 渋沢青淵記念財団竜門社編『渋沢栄一訓言集』国書刊行会、一九八六
54 大石慎三郎・中根千枝『江戸時代と近代化』筑摩書房、一九八六
55 源了圓『実学思想の系譜』講談社、一九八六
56 速水融・宮本又郎編『日本経済史(一)・経済社会の成立——十七~十八世紀』岩波書店、一九八八
57 相良亨『日本の思想——理・自然・道・天・心・伝統』ぺりかん社、一九八九
58 蔵並省自『海保青陵経済思想の研究』雄山閣、一九九〇
59 杉原四郎『日本の経済学史』関西大学出版部、一九九二
60 川口浩『江戸時代の経済思想——「経済主体」の形成』勁草書房、一九九二
61 安藤精一『近世公害史の研究』吉川弘文館、一九九二
62 山口啓二『鎖国と開国』岩波書店、一九九三
63 源了圓ほか訳注『先哲叢談』平凡社、一九九四
64 小島康敬『徂徠学と反徂徠』ぺりかん社、一九九四
65 山本七平『日本資本主義の精神』PHP、一九九五
66 相良亨『日本の儒教(二)』ぺりかん社、一九九六
67 平石直昭『天』三省堂、一九九六

68 溝口雄三『公私』三省堂、一九九六
69 深沢賢治『渋沢論語をよむ』明徳出版社、一九九六
70 大野瑞男『江戸幕府財政史論』吉川弘文館、一九九六
71 芹川博通『日本の近代化と宗教倫理』多賀出版、一九九七
72 小野健知『渋沢栄一と人倫思想』大明堂、一九九七
73 カール・マルクス著、エンゲルス編、向坂逸郎訳『資本論（一）』岩波書店、一九九八
74 犬丸義一校訂『職工事情（上）』岩波書店、一九九八
75 西村三郎『文明のなかの博物学―西欧と日本（上・下）』紀伊國屋書店、一九九九
76 鈴木貞美編『雑誌「太陽」と国民文化の形成』思文閣出版、二〇〇一
77 坂本慎一『渋沢栄一の経世済民思想』日本経済評論社、二〇〇二
78 矢嶋道文『近世日本の「重商主義」思想研究』御茶の水書房、二〇〇三
79 児玉幸多『近世農民生活史（新版）』吉川弘文館、二〇〇六
80 鈴木貞美『生命観の探究――重層する危機のなかで』作品社、二〇〇七
81 田尻祐一郎『荻生徂徠』明徳出版社、二〇〇八
82 渋沢栄一『論語と算盤』角川学芸出版、二〇〇八
83 山本七平『渋沢栄一近代の創造』祥伝社、二〇〇九
84 渡部昇一『渋沢栄一「論語と算盤」が教える人生繁栄の道』致知出版社、二〇〇九
85 石毛忠他編『日本思想史辞典』山川出版社、二〇〇九
86 鈴木貞美『「日本文学」の成立』作品社、二〇〇九
87 平石直昭校注『政談・服部本』平凡社、二〇一一

88 鈴木貞美『日本語の「常識」を問う』平凡社、二〇一一
89 谷口典子『日本の経済社会システムと儒学――基層心理からの比較と再考』時潮社、二〇一二
90 徳盛誠『海保青陵――江戸の自由を生きた儒者』朝日新聞出版、二〇一三
91 鈴木貞美『日本人の自然観』作品社、二〇一八
92 小川環樹編『荻生徂徠全集（三）・経学』みすず書房、一九七七
93 西田太一郎編『荻生徂徠全集（十七）・随筆』みすず書房、一九七六

論　文

94 土屋喬雄「渋沢栄一の経済思想について」『社会経済史学（十六巻二号）』所収、社会経済史学会、一九五〇
95 竹林庄太郎「海保青陵の商業思想（二）」『同志社商学（二十七巻五号）』所収、同志社、一九七六
96 ジョゼフ・ニーダム「近代西欧科学を超えて」『ジョゼフ・ニーダムの世界』所収、日本地域社会研究所、一九八八
97 小松章「渋沢栄一の実業思想――『青淵百話』にみる」『一橋論叢（五）』所収、日本評論社、一九九二
98 王家驊「渋沢栄一の『論語算盤説』と日本的な資本主義精神」『国際日本文化研究センター（第七十二回日文研フォーラム資料）』所収、一九九五
99 佐藤武男「日本資本主義精神論」『松平記念経済・文化研究所紀要』所収、松平記念経済・文化研究所、二〇〇〇

100 坂本慎一「渋沢栄一の近代資本主義論（下）――抑商思想と渋沢栄一」『発言者（八十三）』所収、秀明出版会、二〇〇一
101 谷口典子「福沢諭吉・渋沢栄一にみる普遍的ビジョンと儒学」『東日本国際大学研究紀要（七巻二号）』所収、東日本国際大学、二〇〇二
102 小野健知「『渋沢栄一』の経営倫理について」『道都大学紀要（一）』所収、道都大学札幌キャンパス経営学部紀要編集委員会、二〇〇二
103 谷口典子「経済倫理と儒学」『研究論集儒学文化』所収、昌平黌儒学文化研究所、二〇〇五
104 J・マツムラ著、岩澤良岱訳「儒教を信奉した近代日本の大実業家、経済界指導者――澁澤榮一翁（二）」『国際経済研究（二百七十二）』所収、国際経済研究センター、二〇〇五
105 姜克實「渋沢栄一の慈善思想の特徴――治国平天下の儒学倫理」『岡山大学文学部紀要（四十六）』所収、岡山大学、二〇〇六
106 沖田行司「近代日本における道徳教育と経済倫理――渋沢栄一を中心として」『教育文化（十五）』所収、二〇〇六
107 相原耕作「古文辞学と徂徠学――荻生徂徠『弁道』『弁名』の古文辞学的概念構成（一）」『法学会雑誌（十二）』所収、首都大学東京法学雑誌社、二〇〇七
108 于臣「『実業』とは何か――日中両国の実業家の観点を中心に」『北東アジア研究（十二）』所収、島根県立大学、二〇〇七
109 中島哲也「渋沢栄一の職分思想――日本資本主義創成期のエートス」『法政大学大学院紀要（六十）』所収、法政大学、二〇〇八
110 安原和雄「渋沢栄一に還れ――『論語・算盤』説の今日的意味」『仏教経済研究（二十四）』所収、

駒澤大学、一九九五
111 渋澤健「渋沢栄一の『論語と算盤』を読む――事業に対する時には、利にさとらず、義にさとるようにしている」『環境会議（二十五）』所収、二〇〇六
112 長谷川和雄「渋沢栄一と倫理的な精神主義――日本経済を立て直すヒント」『青淵渋沢栄一記念財団（七三五）』所収、二〇一〇
113 飯島寛一「近代日本の経営思想――澁澤榮一の『論語と算盤』を中心にして」『中央学院大学社会システム研究所紀要（二）』所収、中央学院大学、二〇〇一
114 山口直樹「太宰春台における経世論の転回」『経済論叢（一八六）』所収、二〇一三

〔中国語の部〕

著書

1 ヘーゲル著、範揚・張企泰訳『法哲学原理』商務印書館、一九七九
2 フランク・ギブニー著、呉永順等訳『日本経済奇跡的奥妙』科学技術文献出版社、一九八五
3 厳紹湯『日本中国史』江西人民出版社、一九九一
4 葛栄晋編『中日実学史研究』中国社会科学出版社、一九九二
5 方克立編『中国哲学大辞典』中国社会科学出版社、一九九四
6 王家驊『儒学与日本文化』浙江人民出版社、一九九六

7 黄俊傑編集『儒学在現代東亜――日本篇』台湾中央研究院中国文哲研究所、一九九九
8 劉梅琴・王祥齢著『世界哲学家叢書・荻生徂徠』台湾東大図書公司、一九九九
9 アマルティア・セン著、王宇・王文玉訳『倫理学与経済学』商務印書館、二〇〇〇
10 テッサ・モーリス－鈴木著、歴江訳『日本経済思想史』商務印書館、二〇〇〇
11 ジョルジュ・エンデルレ主編、王淼洋訳文主編『経済倫理学大辞典』上海人民出版社、二〇〇一
12 劉金才『町人倫理思想研究――日本近代化動因新論』北京大学出版社、二〇〇一
13 劉岳兵『日本近代儒学研究』商務印書館、二〇〇三
14 劉岳兵『明治儒学与近代日本』上海古籍出版社、二〇〇五
15 王青『日本近世儒学者荻生徂徠研究』上海古籍出版社、二〇〇五
16 C. Totman著、王毅訳『日本史』上海人民出版社、二〇〇八
17 劉岳兵『日本近現代思想史』世界知識出版社、二〇一〇

論文

18 高増傑「海保青陵」『日本問題研究参考史料（五）』所収、一九七四
19 高増傑「歴史在沈思――日本文化発展的軌迹」『日本問題研究（五）』所収、日本問題研究雑誌社、一九八九
20 趙人俊「儒学与中日近代化的起歩」『探索与争鳴（四）』所収、上海社会科学連合会、一九九〇
21 高増傑「日本封建社会末期的儒学変異――試論海保青陵的学説及其意義」『日本学刊（六）』所収、中国社科院、一九九一

22 孫政「儒家文化在日本近代化過程中的地位和作用」『日本研究（四）』所収、遼寧大学、一九九六
23 叶坦「石田梅岩的経済思想与儒学」『哲学研究（四）』所収、中国社科院、一九九八
24 黄云明「試論渋沢栄一的経済倫理思想」『河北学刊（五）』所収、河北社会科学院、二〇〇一
25 高増傑「通商富国戦略的思想先駆――本多利明及其〝交易〟学説」『日本学刊（六）』所収、中国社科院、二〇〇一
26 鐘放「本多利明的重商主義思想」『日本研究（二）』所収、遼寧大学、二〇〇二
27 張立文「儒教開出東亜近代的〝外王〟之路――从〝論語算盤〟説看儒教与日本的近代化」『儒教与東亜的近代国際学術研討会』所収、二〇〇四
28 袁方「渋沢栄一的儒学」『「明治時代的儒学」国際学術研討会論文集』所収、二〇〇四
29 劉金才「〝論語加算盤説〟的思想主旨」『貴州民族学院学報（三）』所収、貴州民族学院、二〇〇五
30 鄭若娟「経済倫理――理論演進与実践考察」（厦門大学博士論文）、二〇〇六
31 周愛萍「新井白石的貨幣論与正徳貨幣改鋳」『世界歴史（五）』所収、中国社科院、二〇〇七
32 劉毅・孫洋「論横井小楠的経済思想」『理論界（十二）』所収、遼寧社会科学院、二〇〇八
33 韓東育「両種〝実学〟的相過与江戸日本〝去中華〟的由諸」『社会科学戦線（八）』所収、社会科学戦線雑誌社、二〇〇八
34 趙慧・安善花「二宮尊徳経済思想的時代調和性」『大連大学学報（四）』所収、大連大学、二〇一〇
35 韋立新・鄧文君「幕末佐久間象山的経済思想」『日本問題研究（九）』所収、日本問題研究雑誌社、二〇一一

［その他］

1 Herman Kahn, World Economic Development――1979 and Beyond. London Groom Heim, 1979

2 Ezra Feivel Vogel, Japan as Number One : Lessons for America. I Universe, 1979

3 Roderick Mac Farquhar, The Post-Confucian Challenge. The Economist, 1980

4 William Ouchi, Theory Z. Avon Books, 1981

5 Frank Gibney, The Real Reasons Behind Japan's Economic Success. Times Book', 1982

6 Anthony G.Athos, The Art of Japanese Management. USA First Printing, 1982

7 Ezra Feivel Vogel, Is Japan Still Number One. Pelanduk, 2001

あとがき

本書は、二〇一四年十二月に中国広東外語外貿大学東語学院日本思想・文化専攻に提出した博士論文「日本における近代的経済倫理思想の形成――荻生徂徠から渋沢栄一まで」を原形とし、それを改訂して、さらに第五章を加えたものです。

原形となった博士論文の審査で神奈川大学名誉教授である大里浩秋先生を始めとする先生方から、「徳川封建」について質問を受け、再考を重ねました。また、江戸中後期における実業、実学及び公害問題などの関連資料を探し、分析し、博士課程卒業してから三年余りにわたって本書を完成しました。

最初に日本における近代経済倫理に関心を抱いてから、博士研究および本書の作成まで、実に多くの方にお世話になりました。謝意を捧げたいと思います。

まず、博士論文の指導教官である韋立新教授に心より深謝の意を申し上げます。私が論文作成に際して迷っているとき、先生は辛抱強く私の疑問におつきあいくださり、うまく解決の方向へと導いてくださいました。そして、自由な雰囲気のもと、研究環境から学会発表の支援まで、さまざまな面で見守ってくださいました。また、博士論文の作成に関し、暖かくご協力くださったすべての皆様に心より感謝の意を表したいと思います。

国際日本文化研究センターの鈴木貞美教授には、研究の初期段階から、博士論文の研究テーマの決定、本書の完成までの全過程において、終始熱意を持って実に多くのご教示と温かい激励をいただきました。特に研究方法に関しては、貴重なご指導をいただき、また、日文研滞在中には、研究のための便宜を図ってくださり、資料収集や研究をスムーズに進めることができました。今後の研究生活においても大きく役立つものとなります。深く感謝しております。

博士論文審査に当たられた日本・神奈川大学の大里浩秋名誉教授、同大学の孫安石教授、中国・浙江工商大学の王勇教授、東北師範大学の徐氷教授、中山大学の邱雅芬教授、華南師範大学の孫耀珠教授、広東外語外貿大学の趙暁靚教授からは有益なご助言をいただき、細部にまでわたる詳細なご教示を数多くいただきましたことを、心より御礼申し上げます。

長い年月が経ちましたが、先生方のご助言や有益なコメントの数々を十分に活かしてきたつもりです。鈴木貞美先生の貴重なご指導で、博士論文を改訂し、新しい研究成果を加え、充実させることができました。鈴木先生には作品社をご紹介いただき、出版をすすめてくださり、ようやく本書を刊行するに至りました。重ねて御礼申し上げます。

最後に、作品社の顧問である髙木有さんからは、誠心誠意の援助をつづけていただきました。皆様のご協力、ご尽力に深く感謝いたします。

二〇一九年二月五日

曾暁霞

■外国人

〔ア行〕

〔カ行〕

〔サ行〕

〔タ行〕

〔ナ行〕

〔ハ行〕

〔マ行〕

〔ヤ行〕

〔ラ行〕

人名索引

■日本人

〔あ行〕

〔か行〕

〔さ行〕

著者略歴

曾暁霞（そ・ぎょうか）

1982年、中国の海南省に生まれる。2010年、中国の中山大学大学院日本科で修士卒業。2011年から中国の広東外語外貿大学日本語科博士課程を経て、2014年に「日本における近代的経済倫理思想」で博士号を取得。2014年より広東省東莞理工学院文学与伝媒学院助教授。深圳市丰泰順科技有限公司の翻訳担当を兼任。専攻は、日本文化、日本思想史。

主な論文は、「日本徂徠学的出発点和方法論」（『赤峰学院学報』2017年第4期）、「海保青陵与日本近代重商主義経済倫理思想」（『広東外語外貿大学学報』2014年第4期）、「从電影『入殮師』剖析日本社会的矛盾本質」（『電影文学』2013年第 7 期）「略論『易経』在日本的影響与伝承」（『人民論壇』2012年第5期）など。

日本における近代経済倫理の形成

二〇一九年六月一〇日第一刷印刷
二〇一九年六月一五日第一刷発行

著者 曾暁霞
装幀 小川惟久
発行者 和田肇
発行所 株式会社 作品社

〒一〇二-〇〇七二
東京都千代田区飯田橋二ノ七ノ四
電話 (〇三)三二六二-九七五三
FAX (〇三)三二六二-九七五七
http://www.sakuhinsha.com
振替 〇〇一六〇-三-二七一八三

本文組版 (有)一企画
印刷・製本 シナノ印刷(株)

ISBN978-4-86182-743-3 C0010